ŒUVRES POÉTIQUES

DE

Jules Breton

(1867 — 1886)

LES CHAMPS ET LA MER

JEANNE

PARIS

ALPHONSE LEMERRE, ÉDITEUR

27-31, PASSAGE CHOISEUL, 27-31

—

M DCCC LXXXVII

ŒUVRES POÉTIQUES

DE

Jules Breton

IL A ÉTÉ TIRÉ DE CET OUVRAGE :

  20 — sur papier de Chine.
  20 — sur papier de Hollande.
   5 — sur papier Whatman.

Tous ces exemplaires sont numérotés et paraphés par l'Éditeur.

ŒUVRES POÉTIQUES

DE

Jules Breton

(1867 — 1886)

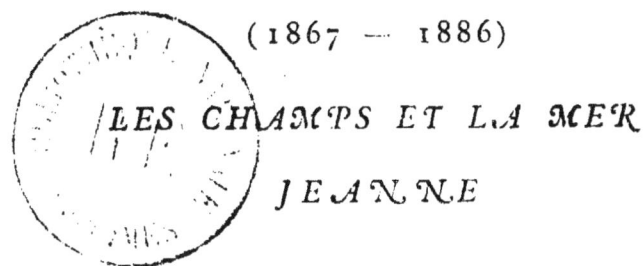

LES CHAMPS ET LA MER

JEANNE

PARIS
ALPHONSE LEMERRE, ÉDITEUR
27-31, PASSAGE CHOISEUL, 27-31

—

M DCCC LXXXVII

PREFACE

DE CETTE NOUVELLE ÉDITION

J'AI longtemps ignoré le poète qu'absorbait en moi l'opiniâtre travail du peintre. Cependant j'adorais la poésie et je faisais de loin en loin, sur son domaine, de très rares tentatives bientôt découragées par des difficultés qui me semblaient insurmontables. Je lisais avec enthousiasme mes poètes favoris : Lafontaine, Racine, H. Heine,

Victor Hugo. Je ne connus que plus tard la Pléiade des Parnassiens qui poussa si loin l'art des vers.

Théophile Gautier et Eugène Fromentin, (je bénis leur illustre mémoire) ces deux grands artistes si sympathiques avec qui je faisais partie des Jurys de Peinture, furent les premiers, vers 1868, à me révéler à moi-même. Je leur communiquai le petit poème le Soir, *le seul que j'aie conservé de cette époque; ils voulurent bien s'y intéresser, et Gautier me dit :* « A quand le volume chez Lemerre ? » *Cette question ressemblait à un vœu et ce vœu pour moi fut un ordre. Je devais y conformer mes projets.*

Enfin, nos malheurs publics, qui brisèrent momentanément mes pinceaux, exaltant mon âme secouée, y firent vibrer de nouvelles cordes.

En 1873, j'eus l'occasion de connaitre le poète impeccable, J. M. de Heredia et de lui montrer mon premier cahier de vers. Il me donna de sérieux encouragements confirmés par d'illustres amis à qui il me présenta, parmi lesquels je citerai Leconte de Lisle, le maitre des maitres, et, dès lors, je partageai mes veilles à peu près également entre les deux arts qui occupent ma vie.

Cette nouvelle édition, définitive, contient tous mes poèmes que je crois dignes d'être publiés. Ceux de mes lecteurs qui connaissent les premieres éditions des Champs et la Mer *et de* Jeanne, *remarqueront dans celle-ci de nombreuses corrections.*

J'y ai fait plusieurs coupures, mais on y trouvera bon nombre de poèmes nouveaux composés récemment.

Ces vers seront-ils mes derniers? Je l'ignore. L'âge

arrive à grands pas et, dans sa mélancolie, en attendant, je rumine mes souvenirs d'enfance, source féconde, où j'ai toujours puisé.

JULES BRETON.

Membre de l'Institut.

Courrières, décembre 1886.

LES CHAMPS ET LA MER

PRÉFACE

Mon cœur hésite encor lorsque ma main vous livre,
Strophes qui murmuriez pour moi seul, humbles vers,
Tels que les passereaux au fond des rameaux verts,
Qui chantiez, loin du bruit, sans rêver à ce livre.

De votre aile fragile espérez-vous poursuivre,
Sous un ciel orageux, votre vol à travers
L'inconnu, sans abri contre un premier revers ?
Êtes-vous bien pourvus de ce qu'il faut pour vivre ?

Mes doigts habitués à tenir les pinceaux,
En vous donnant l'essor, tremblent, frêles oiseaux
Qui désertez le nid pour courir l'aventure.

Vous pardonnera-t-on votre témérité ?
Ah ! si pour rencontrer l'accent de la Nature
Il ne fallait avoir que la Sincérité !

II

Le bois chantait. — L'hiver, de ses givres blafards,
Ne gravait plus de fleurs aux vitres des croisées ;
Du fond de nos étangs jaillissait en fusées
L'épanouissement tout blanc des nénuphars.

Et, se croisant dans l'air, bourdonnements épars,
Mouches et papillons, abeilles empressées,
Oubliant les jours froids et les neiges passées,
Frémissants et joyeux, fondaient de toutes parts.

Et les prés s'emplissaient d'ineffable tendresse ;
Le bois chantait. — O jour d'universelle ivresse !
Je sens des pleurs mouiller mon œil longtemps tari :

Car c'était au soleil une fête touchante ;
Et je surgis de l'herbe et je poussai ce cri :
Pourquoi rester muet lorsqu'ici-bas tout chante ?

III

Quand la nuit, lentement, déroule sur la plaine
Son long voile de brume en ténébreux replis,
Le troupeau se resserre, et sa visible haleine
Lui trace comme un nimbe aux rayons affaiblis.

Sur les fonds violets, dans l'ombre ensevelis,
Où dorment le chardon, le thym, la marjolaine,
Noir fantôme debout sous le manteau de laine,
Le berger songe, et boit le froid des airs pâlis.

Il songe qu'il faudra s'endormir loin de l'âtre ;
Et prenant le silex, comme l'antique pâtre,
A l'heure où l'on entend le hurlement des loups,

Il le frappe du fer, et la flamme ruisselle.
Et je me dis, poète : — Ah ! si de mes cailloux
Je pouvais voir jaillir une seule étincelle !

LE MATIN

Dans le rayonnement immense du soleil,
La prairie, où toujours paissent les vaches brunes,
Ondule comme un lac de gazon jusqu'aux dunes
Qu'un ciel merveilleux baigne au fond de l'air vermeil.

Une exquise rosée irise l'herbe rase,
Broutée incessamment par les nombreux troupeaux,
Et met un nimbe au front des bêtes dont les peaux
Reluisent aux endroits qu'un trait de flamme embrase.

Parmi les beuglements répétés alentour,
L'étalon, redressant son col souple, déploie
Ses larges reins où court un long frisson de joie,
Et, superbe, hennit dans la gloire du jour.

Ébloui de lumière, un ruisseau d'or serpente
Parmi l'herbe argentée aux brumes du matin,
Fume de plus en plus vers le vibrant lointain
Et descend, immobile, une invisible pente.

Un pâtre est là, perdu dans un rêve profond,
Au bord du ruisselet tout embaumé de menthe,
Sous le tourment confus d'un souci qui fermente
Au fécondant soleil dont l'ardeur mord son front.

Car la gardeuse vient, là-bas vers l'autre rive.
Le jeune gars, les yeux tendus, les pieds distraits,
Planté droit comme un morne échassier de marais,
Admire de quel pas libre et calme elle arrive.

Elle vient, son reflet tremble dans le ruisseau ;
Et par l'onde et par l'air son corps mignon se berce,
Double image au milieu de la céleste averse
Des mille rayons d'or en un double faisceau.

Et voici, sous ton charme, ô splendeur matinale,
Que l'Amour vermeil monte à son front rougissant ;
Dans son cœur, comme au ciel, vibre le feu naissant,
Embrasement de jour et d'ardeur virginale.

Ils se taisent, les yeux dans les yeux, et le gars
Ne voit plus le soleil si ruisselant de flamme ;
Tout s'efface devant ce visage de femme
Et le rayonnement vainqueur de ses regards.

1882.

DRAME DE PRINTEMPS

I

Le vert printemps redit son immortel refrain
Et, d'un souffle amoureux, frôle, embaume, caresse
Cytises et lilas, et mêle à leur tendresse
La tendresse et l'azur de son beau ciel serein.

Les oiseaux : le linot, le pivert, le tarin
Se hâtent sous l'élan d'une vive allégresse,
Vers l'abri qu'aux rameaux leur bec assemble et tresse
D'un peu d'herbe flexible et de mousse et de crin.

Or, parmi les rayons filtrant de branche en branche,
Jase un nid de pinsons sur une épine blanche,
Et la jeune couvée, aux baisers du soleil,

Tressaille et, remplissant d'extase ses prunelles,
Croit voir, à tout jamais, jusqu'au lointain vermeil,
D'éternels papillons sur des fleurs éternelles !

II

Cependant les petits grandissent. Alentour,
Tout luit, brille et s'ébat ; les insectes volages
Se bercent, deux à deux, sur les flottants feuillages,
Et le père, là-haut, répète un chant d'amour.

La mère part, revient, repart, est de retour.
Ce sont, du nid au nid, mille et mille voyages
Qui laissent par l'air bleu de frémissants sillages
Et des tressaillements d'ivresse dans le jour.

Tout à coup, passe un vol sinistre. L'épouvante
Soudaine, secouant la frondaison mouvante,
Disperse dans l'horreur les oiseaux effarés.

Ils ont vu l'ennemi qui toujours les épie.
Un cri saccadé raille au fond des noirs fourrés :
C'est le ricanement féroce de la pie.

III

Le doux printemps qui chante et rit dans les bois verts ;
Une épine fleurie... et des plumes perdues...
Elle, le corps troué, les ailes étendues
Sur ses petits sanglants, dévorés à travers...

Car tandis que la peur chassait tarins, piverts,
Linots épouvantés, fauvettes éperdues,
Se serrant sur son nid aux brindilles tordues,
Mère, elle n'a pas fui devant l'oiseau pervers !...

En vain un bec cruel lui déchirait l'échine !
Car une âme vibrait dans cette humble héroïne !
Sous ta plume, ô pinson ! battait un vrai cœur d'or !

Et pour en conserver une marque éternelle,
Pieux, j'ai recueilli son nid avec son aile,
Ouverte dans la mort et qui protège encor.

1882.

L'ARTOIS

A José-Maria de Heredia.

I

J'aime mon vieil Artois aux plaines infinies,
Champs perdus dans l'espace où s'opposent, mêlés,
Poèmes de fraîcheur et fauves harmonies,
Les lins bleus, lacs de fleurs, aux verdures brunies,
L'œillette, blanche écume, à l'océan des blés.

Au printemps, les colzas aux gais bouquets de chrome,
De leur note si vive éblouissent les yeux ;
Des mousses de velours émaillent le vieux chaume,
Et sur le seuil béni que la verdure embaume
On voit s'épanouir de beaux enfants joyeux.

Chérubins de village avec leur tête ronde,
Leurs cheveux flamboyants qu'allume le soleil ;
De sa poudre dorée un rayon les inonde.
Quelle folle clameur pousse leur troupe blonde,
Quel rire éblouissant et quel éclat vermeil !

Quand nos ciels argentés et leur douce lumière
Ont fait place à l'azur si sombre de l'été ;
Quand les ormes sont noirs, qu'à sec est la rivière ;
Près du chemin blanchi, quand, grise de poussière,
La fleur se crispe et meurt de soif, d'aridité ;

Dans sa fureur l'Été, soufflant sa chaude haleine,
Exaspère la vie et l'enivre de feu ;
Mais si notre sang bout et brûle notre veine,
Bientôt nous rafraîchit la nuit douce et sereine,
Où les mondes ardents scintillent dans le bleu.

II

Artois aux gais talus où les chardons foisonnent,
Entremêlant aux blés leurs têtes de carmin ;
Je t'aime quand, le soir, les moucherons bourdonnent,
Quand tes cloches, au loin, pieusement résonnent,
Et que j'erre au hasard, tout seul sur le chemin.

J'aime ton grand soleil qui se couche dans l'herbe ;
Humilité, splendeur, tout est là, c'est le Beau ;
Le sol fume ; et c'est l'heure où s'en revient, superbe,
La glaneuse, le front couronné de sa gerbe
Et de cheveux plus noirs que l'aile d'un corbeau.

C'est une enfant des champs, âpre, sauvage et fière ;
Et son galbe fait bien sur ce simple décor,
Alors que son pied nu soulève la poussière,
Qu'agrandie et mêlée au torrent de lumière,
Se dressant sur ses reins, elle prend son essor.

C'est elle. Sur son sein tombent des plis de toile ;
Entre les blonds épis rayonne son œil noir ;
Aux franges de la nue ainsi brille une étoile ;
Phidias eût rêvé le chef-d'œuvre que voile
Cette jupe taillée à grands coups d'ébauchoir.

Laissant à l'air flotter l'humble tissu de laine,
Elle passe, et gaiment brille la glane d'or,
Et le soleil rougit sur sa face hautaine.
Bientôt elle se perd dans un pli de la plaine,
Et le regard charmé pense la voir encor.

III

Voici l'ombre qui tombe, et l'ardente fournaise
S'éteint tout doucement dans les flots de la nuit,
Au rideau sourd du bois attachant une braise
Comme un suprême adieu. Tout se voile et s'apaise,
Tout devient idéal, forme, couleur et bruit.

Et la lumière avare aux détails se refuse ;
Le dessin s'ennoblit, et, dans le brun puissant,
Majestueusement le grand accent s'accuse ;
La teinte est plus suave en sa gamme diffuse,
Et la sourdine rend le son plus ravissant.

Miracle d'un instant, heure immatérielle,
Où l'air est un parfum et le vent un soupir !
Au crépuscule ému la laideur même est belle,
Car le mystère est l'art : l'éclat ni l'étincelle
Ne valent un rayon tout prêt à s'assoupir.

Mais la nuit vient voiler les plaines infinies,
Immensité de brume où s'endorment, mêlés,
Poèmes de fraîcheur et fauves harmonies,
Les lins bleus, lacs de fleurs, les verdures brunies,
L'œillette, blanche écume, et l'océan des blés.

Courrières, 1871.

LE NID

Votre frêle existence est douce,
Petits oiseaux dans votre nid,
Serrés ensemble dans la mousse
Entre la terre et l'infini.

Tandis que la mère recueille
Des mouches pour votre dîné,
Vous regardez grandir la feuille
Si tendre en son vert satiné.

Avant vous on la voit éclore
Sur cet arbuste sauvageon;
Vous n'étiez pas dans l'œuf encore
Quand se déchira son bourgeon.

Lorsqu'un gai soleil la traverse
Avec des éclats inouïs,
Aux feux d'émeraude qu'il verse
Vous souriez tout éblouis.

Dès que l'aurore vous arrose
Et vient mouiller votre chevet,
S'agite votre tête rose
Que couronne un léger duvet.

Des torrents de lumière blonde
Caressent vos petits cous nus;
La gaité folle vous inonde
De tressaillements ingénus.

Du haut de l'arbre que balance
Le vent frais, un son argentin
Se fait entendre : c'est la stance
Que chante le père au matin.

Dans votre nid, ce petit monde,
Que de beautés frappent vos yeux!
Le bois dans sa voûte profonde
Ouvre à l'infini des trous bleus.

Et qu'il vous paraît chose énorme,
Ce tronc de velours tacheté;
Pour qui commence, un petit orme
Représente l'immensité.

Petits, lorsque votre bec s'ouvre
Sur cet orme voisin, guettant,
De peur que l'on ne vous découvre,
La mère impatiente attend.

Elle attend le moment propice,
L'ayant de la prudence appris;
Et l'infatigable nourrice
S'en vient d'un bond calmer vos cris.

Puis, la nuit, elle étend son aile
Pour vous couvrir de sa chaleur;
Et sous la plume maternelle
Vous écoutez battre son cœur.

Innocents aux paupières closes,
Rien ne peut encor vous troubler;
Mais la mère, qui voit les choses,
Sait qu'elle doit toujours trembler.

Courrières, 1870.

AURORE

La glèbe, à son réveil, verte et toute mouillée,
Autour du bourg couvert d'une épaisse feuillée
Où les toits assoupis fument tranquillement ;
Dans la plaine aux replis soyeux que rien ne cerne,
Parmi les lins d'azur, l'œillette et la luzerne,
Berce les jeunes blés pleins de frissonnement.

Sereine et rafraîchie aux brumes dilatées,
Sous l'humide baiser de leurs traines lactées,
Elle semble frémir dans l'ivresse des pleurs,
Et, ceinte des trésors dont son flanc large abonde,
Sourire à l'éternel époux qui la féconde,
Au grand soleil qui sort, vibrant, d'un lit de fleurs.

L'astre vermeil ruisselle en sa gerbe éclatante ;
Chaque fleur, alanguie aux lenteurs de l'attente,
Voluptueusement, vers le foyer du jour
Tourne sa tige et tend son avide calice,
Et boit ton charme, Aurore, et rougit de délice...
Et le germe tressaille aux chauds rayons d'amour.

Juillet 1875.

TEMPÊTE

L'orage s'amoncèle et pèse sur la dune
Dont le flanc sablonneux se dresse comme un mur.
Par instants, le soleil y darde un faisceau dur
De rayons plus blafards qu'un blême éclat de lune.

Les éclairs redoublés tonnent dans l'ombre brune.
Le pêcheur lutte et cherche en vain un abri sûr.
Bondissant en fureur par l'océan obscur,
L'âpre rafale hurle et harcèle la hune.

Les femmes, sur le port, dans le tourbillon noir,
Gémissent, implorant une lueur d'espoir...
Et la tempête tord le haillon qui les couvre.

Tout s'effondre, chaos, gouffre torrentiel !
Sur le croulant déluge, alors, voici que s'ouvre
En sa courbe irisée un splendide arc-en-ciel.

LES ALOUETTES

A Théodore de Banville.

Dans l'effluve azuré qui revêt de mystère
La nudité des champs où la faux a passé,
Sur un point du terroir nouvellement hersé,
Un éclat lumineux, un astre solitaire,
Qu'on croit tombé du ciel et qui palpite à terre,
Jette de gais rayons dont l'air est traversé.

Tournoyant alentour, un essaim d'alouettes
Se berce dans son vol doucement ondulé,
Car le rayon toujours fascine l'être ailé ;
L'étincelle des flots appelle les mouettes,
Aux flammes de l'art pur s'exaltent les poëtes,
Et près du flambeau gît le papillon brûlé.

L'alouette n'a pas la raison qui protège
Et ne soupçonnant pas le perfide appareil,
Croyant naïvement à cet astre vermeil,
Elle chante, et, ravie, elle fond sur le piège ;
Et l'on voit triompher l'oiseleur sacrilège
Qui pour tromper l'oiseau s'est servi du soleil.

Courrières, 1874.

LES CIGALES

A Leconte de Lisle.

Lorsque dans l'herbe mûre aucun épi ne bouge,
Qu'à l'ardeur des rayons crépite le froment,
Que le coquelicot tombe languissamment
Sous le faible fardeau de sa corolle rouge,

Tous les oiseaux de l'air ont fait taire leurs chants ;
Les ramiers paresseux, au plus noir des ramures,
Somnolents, dans les bois, ont cessé leurs murmures,
Loin du soleil muet incendiant les champs.

Dans les blés, cependant, d'intrépides cigales,
Jetant leurs mille bruits, fanfare de l'été,
Ont frénétiquement et sans trêve agité
Leurs ailes sur l'airain de leurs folles cymbales.

Frémissantes, debout sur les longs épis d'or,
Virtuoses qui vont s'éteindre avant l'automne,
Elles poussaient au ciel leur hymne monotone
Qui dans l'ombre des nuits retentissait encor.

Et rien n'arrêtera leurs cris intarissables ;
Quand on les chassera de l'avoine et des blés,
Elles émigreront sur les buissons brûlés
Qui se meurent de soif dans les déserts de sables.

Sur l'arbuste effeuillé, sur les chardons flétris
Qui laissent s'envoler leur blanche chevelure,
On reverra l'insecte à la forte encolure.
Plein d'ivresse, toujours s'exalter dans ses cris ;

Jusqu'à ce qu'ouvrant l'aile en lambeaux arrachée,
Exaspéré, brûlant d'un feu toujours plus pur,
Son œil de bronze fixe et tendu vers l'azur,
Il expire en chantant sur la tige séchée.

Courrières, 1873.

LA PAIX DES BOIS

A Français.

Une eau paisible dort son doux sommeil sans rides
Sous le bois, brun miroir qu'aucun vent n'a troublé ;
Dans l'ombre et la fraîcheur, l'or vert des cantharides
Luit sur le frêne ; au loin, de ses rayons torrides,
Lorsque le fauve été fait flamboyer le blé,
Sous le bois, brun miroir qu'aucun vent n'a troublé,
Une eau paisible dort son doux sommeil sans rides.

Parsemant le gazon sombre de fleurs de feu,
Le gai soleil se joue au milieu du mystère ;
Çà et là le feuillage obscur s'écarte un peu,
Et le tranquille ciel, d'un regard calme et bleu,
Azure, par endroits, cet abri solitaire
Où le gai soleil joue au milieu du mystère,
Parsemant le gazon sombre de fleurs de feu.

Le cordial parfum de la menthe sauvage
Circule dans l'air pur où passent les chansons
Du jaune loriot, du merle au noir plumage ;
Le frêle roitelet y mêle son ramage,
Et tandis qu'il sautille au cœur brun des buissons,
Circule, dans l'air pur où passent les chansons,
Le cordial parfum de la menthe sauvage.

C'est là que le poète amoureux va s'asseoir,
Loin des bruits importuns et des gloires du monde,
Car il aime ce lieu, surtout quand vers le soir,
Le grand soleil, qui semble un immense ostensoir,
Resplendit au travers des branches qu'il inonde.
Loin des bruits importuns et des gloires du monde,
C'est là que le poète amoureux va s'asseoir.

Il suit son rêve errant sur le miroir sans rides,
Et, libre des soucis dont son cœur fut troublé,
Parmi les essaims d'or des vertes cantharides
Il s'attarde, il attend que les rayons torrides,
S'apaisant, aient cessé de harceler le blé ;
Et, libre des soucis dont son cœur fut troublé,
Il suit son rêve errant sur le miroir sans rides.

Courrières, 1873.

PENDANT LA MOISSON

A Eugène Manuel.

Les hommes sont aux champs, et chaque maison vide,
Muette et close aux feux étouffés du soleil,
Sous le poids lourd d'un ciel à l'ardoise pareil,
S'endort dans la torpeur de son ombre livide.

Miroitement aigu dans ce calme de mort,
La tuile qui reluit a des éclairs farouches,
Et sur le fumier vibre un tourbillon de mouches
Sous les traits acérés du rayon qui le mord.

Jetant de faibles cris, la frêle musaraigne
Dans les jardins se meurt de soif au long du mur,
Car sur le sol partout incandescent et dur,
Spectre à l'œil dévorant, la sécheresse règne.

Le familier du lieu, l'immobile idiot,
Sur la borne est assis parmi les maigres poules ;
Morne, il écoute aux champs plombés de chaudes houles,
Crier un invisible et lointain chariot.

Les chiens silencieux vont, viennent dans la rue ;
Une vache parfois pousse un long beuglement ;
L'hirondelle fend l'air et décrit, brusquement,
Un méandre à la courbe aussitôt disparue.

Pas un arbre alentour, pas un feuillage vert.
Telle qu'une fournaise ardente et sans issue
Où le brun moissonneur, penché, halète et sue,
Dans un immense ennui la plaine au loin se perd.

Mais voici, tel qu'un bruit confus de ruche folle,
Qu'un fredon de jeunesse éveille l'écho sourd :
Dans la noire maison de brique au cœur du bourg,
Joyeusement murmure et bourdonne l'école.

Et ce bourdonnement, enfantine fraîcheur,
Mêle son charme à l'air qui brûle un feu lugubre :
C'est comme un courant pur au désert insalubre,
Une source bénie où va boire le cœur.

Juin 1875.

L'AUBE

A Corot.

Je suivais un sentier, à l'aube, dans les blés,
Étroit, où l'on se mouille aux gouttes qui s'épanchent,
En frôlant les épis alourdis qui se penchent ;
Et j'errais évoquant mes rêves envolés.

Ah ! qui n'a pas perdu des rameaux étoilés,
Comme les saules gris que les hommes ébranchent,
Qui font un bruit si doux quand leurs larmes étanchent
La soif des liserons à leurs pieds enroulés !

Et je sentais mon cœur, d'où je chassais la prose,
S'attendrir au rayon discret, pâle et changeant
Comme un arbre souffrant et que la pluie arrose.

Et voilà que, joyeuse, éclate au ciel d'argent
L'alouette qui voit, des brumes émergeant,
A l'Orient monter le premier flocon rose.

Courrières, 1872.

LES PREMIÈRES COMMUNIANTES

A Madame Alphonse Daudet.

Parmi les frais lilas, les renaissants feuillages,
Par ce printemps qui chante et rit dans les villages,
Par ce dimanche clair, fillettes au front pur,
Qui marchez vers la messe entre les jeunes branches,
Avez-vous pris au ciel, communiantes blanches,
Vos robes de lumière où frissonne l'azur.

Je le croirais, à voir votre frêle cortège
S'épanouir au jour, dans sa candeur de neige,
Sous la brume du voile aux flots éblouissants,
A la douce pudeur de vos bouches de vierges,
Au mignon bouquet d'or qui fleurit vos grands cierges,
Au paradis qui luit dans vos yeux innocents.

Comme tout alentour vous bénit et vous fête!
Les vieux chaumes moussus ont émaillé leur faîte,
Et leur courbe arrondit de plus souples contours.
Tout brille. L'herbe tendre et d'aurore arrosée,
D'où se lève l'encens de la blanche rosée,
Déroule sous vos pas ses marges de velours.

Vos plis de tulle au vent vous font des ailes d'anges.
Moins blancs sont les pigeons sur les hauts toits des granges
Moins blanche est l'aubépine aux rameaux embaumés,
Et vous allez ainsi vers l'antique chapelle
Où, ceint de verts tilleuls, le clocher vous appelle
Et dresse au blanc soleil ses angles allumés.

Et blanches vous allez. Voici l'église proche.
Votre cœur bat plus fort, plus fort tinte la cloche.
Des vieillards attendris sont au pied de la tour.
Le porche est grand ouvert : entrez, vierges mignonnes,
Et puis faites au bout de vos cierges de nonnes,
Brûlantes, rayonner des étoiles d'amour.

Extase, doux effroi de volupté mystique!
Sous vos doigts frémira la page du cantique,
Lorsque vous chanterez: « O doux Jésus, descends!
« O viens, divin Époux, te mêler à notre être! »
Puis vous verrez trembler l'hostie aux mains du prêtre,
Dans le vertigineux nuage de l'encens.

Recevoir dans son corps le Dieu qui fit la terre!
Vierges, vous ignorez l'orgueil de ce mystère,
Et vous préférez même au Grand Ressuscité
Le Beau Crucifié mourant sur la colline.
Vous l'aimez pour son front que couronne l'épine,
Pour le grand trou qui saigne à son divin côté.

Et surtout vous aimez l'enfant rose qu'inonde,
Comme le tendre agneau, l'or de sa toison blonde,
Et qui vint tant de fois sourire à vos berceaux,
Avec ses yeux si clairs, quand vous étiez petites ;
N'est-ce pas pour cela que vous tressaillez, dites,
Filles qui frissonnez sous les sacrés arceaux ?

Vainement la raison succède à la foi morte ;
A votre souvenir que nul souffle n'emporte,
Qui n'a senti vibrer comme un reflet d'Éden ?
Chantez, vierges ! Demain l'été fera sa gerbe,
A l'automne les fruits mûrs tomberont dans l'herbe,
Chantez au blanc printemps votre premier hymen !

1882.

SOLEIL COUCHANT

A mon frère Émile Breton.

Des vapeurs aux remous infinis, mer de brume
Où les coteaux voilés ondulent, larges flots,
Les villages, perdus comme de noirs ilots,
Émergent, enfonçant leurs pieds bruns dans l'écume.

Tandis que tout se tait, s'agrandit, nage et fume,
Qu'au fond des ravins, seuls, tintent de lents grelots,
Que de rares lueurs, ainsi que des falots,
Palpitent, le ciel vibre et tout entier s'allume.

Notre globe muet, sous le dôme vermeil,
Prie et rêve ébloui par la magnificence
De l'astre fécondant que le nuage encense;

Et dans ce grand respect, pris d'un divin sommeil,
Orbe rouge au milieu de l'auréole immense,
Gravement, lentement, se couche le soleil.

Douarnenez, 1873.

LE SOIR

A Louis Cabat.

C'est un humble fossé perdu sous le feuillage ;
Les aunes du bosquet les couvrent à demi ;
L'insecte, en l'effleurant, trace un léger sillage
Et s'en vient seul rayer le miroir endormi.

Le soir tombe, et c'est l'heure où se fait le miracle,
Transfiguration qui change tout en or ;
Aux yeux charmés tout offre un ravissant spectacle ;
Le modeste fossé brille plus qu'un trésor.

Le ciel éblouissant, tamisé par les branches,
A plongé dans l'eau noire un lumineux rayon ;
Tombant de tous côtés, des étincelles blanches
Entourent un foyer d'or pâle en fusion.

Aux bords tout est mystère et douceur infinie.
On y voit s'assoupir quelques fleurs aux tons froids,
Et les reflets confus de verdure brunie
Et d'arbres violets qui descendent tout droits.

Dans la lumière, au loin, des touffes d'émeraude
Vous laissent deviner la ligne des champs blonds,
Et le ciel enflammé d'une teinte si chaude,
Et le soleil tombé qui tremble dans les joncs.

Et dans mon âme émue, alors quand je compare
L'humilité du site à sa sublimité,
Un délire sacré de mon esprit s'empare,
Et j'entrevois la main de la divinité.

Ce n'est rien et c'est tout. En créant la nature
Dieu répandit partout la splendeur de l'effet;
Aux petits des oiseaux s'il donne la pâture,
Il prodigue le beau, ce suprême bienfait.

Ce n'est rien et c'est tout. En te voyant j'oublie,
Pauvre petit fossé qui me troubles si fort,
Mes angoisses de cœur, mes rêves d'Italie,
Et je me sens meilleur, et je bénis le sort.

Courrières, 1867

AUTOMNE

A Jules Dupré.

La rivière s'écoule avec lenteur. Ses eaux
Murmurent, près du bord, aux souches des vieux aulnes
Qui se teignent de sang; de hauts peupliers jaunes
Sèment leurs feuilles d'or parmi les blonds roseaux.

Le vent léger, qui croise en mobiles réseaux
Ses rides d'argent clair, laisse de sombres zones
Où les arbres, plongeant leurs dômes et leurs cônes,
Tremblent, comme agités par des milliers d'oiseaux.

Par instants se répète un cri grêle de grive,
Et, lancé brusquement des herbes de la rive,
Étincelle un joyau dans l'air limpide et bleu;

Un chant aigu prolonge une note stridente;
C'est le martin-pêcheur qui fuit d'une aile ardente
Dans un furtif rayon d'émeraude et de feu.

Courrières, 1875.

NOCTURNE

A Gabriel Marc

La nuit se mêle encore à de vagues pâleurs ;
L'étoile naît, jetant son reflet qui se brouille
Dans la mare dormante où croupit la grenouille.
Les champs, les bois n'ont plus ni formes ni couleurs.

Leurs calices fermés, s'assoupissent les fleurs.
Entrevue à travers le brouillard qui la mouille,
La faucille du ciel fond sa corne et se rouille.
La brume égraine en bas les perles de ses pleurs.

Les constellations sont à peine éveillées,
Et les oiseaux, blottis sous les noires feuillées,
Goûtent, le bec sous l'aile, un paisible repos.

Et dans ce grand sommeil de l'être et de la terre,
Longtemps chante, rêveuse et douce, des crapauds
Mélancoliquement la flûte solitaire.

Courrières, 1874.

MIDI

A Gustave Jundt.

Les prés et les blés mûrs, comme une mer de feu,
Au soleil aveuglant, vibrent sous le ciel bleu;
Mais il fait bon, là-bas, à l'endroit où la haie
De sureaux et d'épine entoure un sombre abri
Qu'ombrage une abondante et soyeuse saulaie;
Jeanne va s'y coucher près du ruisseau tari.

Et là, parmi les foins à l'odeur enivrante,
Laissant sur les parfums flotter son âme errante,
Elle suit, l'œil mi-clos, un nuage d'argent;
Immobile, dormant et veillant tout ensemble,
Tandis qu'un rayon d'or, par les branches plongeant,
Sur son sein virginal s'épanouit et tremble.

LE RETOUR DES CHAMPS

A François Millet.

C'est l'heure indécise où l'étoile
Pâle encor dans la pâle nuit,
Apparaît, scintille, se voile
Et fatigue l'œil qui la suit.

Entre les blés et la luzerne,
Bordé par des chardons poudreux,
Le chemin fauve se discerne
Encor dans les champs plantureux;

Le zénith couleur d'améthiste
Le caresse de son reflet
Inexprimable, que l'artiste
Ne peut qu'appeler violet.

Par la glèbe plane ou penchante,
Perdant, retrouvant ses sillons,
Il serpente dans l'herbe où chante
La note grêle des grillons.

Par les talus que le soir dore,
Il va, sous la clarté des cieux,
Où tinte la cloche sonore,
Au village silencieux.

Sous le crépuscule et le hâle,
Le paysan deux fois bruni,
Baignant son front dans le ciel pâle,
S'en revient, le travail fini.

Il porte la faux ou la bêche
A l'épaule; il va lentement,
Humectant sa poitrine sèche
De brume et d'odeur de froment.

Il va lentement, à son aise,
D'un pas tranquille en sa lourdeur :
Et l'occident, sourde fournaise,
Le bronze d'une sombre ardeur.

Sous le toit noir de sa chaumière,
Où fume un vague ruban bleu,
Brille un point de rouge lumière :
La soupe chante sur le feu.

Sa compagne est robuste et sûre,
Et les enfants sont bien portants;
L'âge vient : que peut sa morsure
Près de l'enfance, gai printemps?

Tel il marche par habitude,
Tel il ira jusqu'au tombeau :
Content si, par son labeur rude,
Les blés sont lourds et l'orge beau.

Courrières, 1874.

BEAU SOIR D'HIVER

La neige — le pays en est tout recouvert —
Déroule, mer sans fin, sa nappe froide et vierge,
Et, du fond des remous, à l'horizon désert,
Par des vibrations d'azur tendre et d'or vert,
Dans l'éblouissement, la pleine lune émerge.

A l'Occident s'endort le radieux soleil,
Dans l'espace allumant les derniers feux qu'il darde
A travers les vapeurs de son divin sommeil,
Et la lune tressaille à son baiser vermeil
Et, la face rougie et ronde, le regarde.

Et la neige scintille, et sa blancheur de lis
Se teinte sous le flux enflammé qui l'arrose.
L'ombre de ses replis a des pâleurs d'iris,
Et, comme si neigeaient tous les avrils fleuris,
Sourit la plaine immense ineffablement rose.

1883.

LA SAINT-JEAN

A Alp. Daudet.

Tandis que dorment les faucilles
Aux hangars, vers la fin du jour,
Autour des feux, les jeunes filles
Dansent en rond au carrefour.

Dans le crépuscule que dore
Un dernier rayon incertain,
Sur l'horizon où vibre encore
La brume chaude du lointain,

On voit leurs silhouettes sombres
Que baigne un reflet azuré,
Dans le mystère exquis des ombres
Décrire leur pas mesuré.

Et le mouchoir, qui se soulève
Au vent du joyeux tourbillon,
Sur leur épaule bat sans trêve,
Comme une aile de papillon.

Et la ronde passe et repasse,
Mêlant ses voix à l'unisson ;
Vers les étoiles dans l'espace
On croit voir monter la chanson.

Et les jeunes gens aux murailles
Adossés avec abandon,
Ténors, barytons, basses-tailles,
Accompagnent en faux-bourdon.

Parfois, une vieille au front morne
Glapit quelques sons chevrotants,
Assise sur la même borne
Qui la connait depuis cent ans ;

La chauve-souris qui séjourne
Au pignon noir, prend son essor,
Et, bête étrange, tourne, tourne
Au ciel où nage un croissant d'or.

Courrières, 1873.

SEULE

A Georges Lafenestre.

Les chaumes de velours, sous une poudre d'or,
Bordés d'un trait de feu, nagent dans l'ombre grise ;
Par delà les toits noirs que sa lumière frise,
S'incline radieux l'astre de messidor.

Immense gerbe, il tombe épanchant son trésor :
Et le zénith bleu verse une lueur exquise
Sur la route où, parmi les senteurs de la brise,
Chante et bondit la ronde au tournoyant essor.

Dans la poussière ardente et les rayons de flammes,
Joyeusement, les mains aux mains, dansent les femmes,
Mais la plus belle rêve, assise un peu plus loin ;

Elle est là, seule... et mord sa lèvre maladive,
Et telle qu'on verrait, dans un champ de sainfoin,
Se crisper et languir la pâle sensitive.

Courrières, 1873.

LE ROSIER

IMPRESSION D'ENFANCE

A ma petite-fille, Louise Demont.

Je suis seul au bout de l'allée
Du jardin où la nuit descend ;
Par la brume à demi voilée,
La lune ébauche son croissant.

Une lueur crépusculaire,
Gardant un reste de chaleur,
Au reflet d'argent qui m'éclaire
Oppose sa fauve pâleur.

L'air enivre, lourd des aromes
Flottant après l'ardeur du jour ;
Les arbres semblent des fantômes,
Le hanneton vole alentour ;

Il s'abat sur les clématites ;
On entend se mêler son bruit
Au doux frémissement des mites,
Ces amoureuses de la nuit.

Et puis tout s'endort : le silence
Partout et l'immobilité...
Et je sens faiblir ma vaillance
Dans la peur de l'obscurité.

Mais, par les arbres, je vois poindre
La lumière de la maison ;
Puis j'ai sept ans ! et je veux joindre
La mâle audace à la raison.

Ce grand spectre qui se détache
Sur le ciel, c'est le cerisier ;
Ce petit lutin qui se cache,
C'est le rosier, le beau rosier !

C'est l'arbuste aux roses vermeilles,
Où, ce midi, brillait encor,
Splendide au milieu des abeilles,
Un scarabée au ventre d'or.

Et maintenant, sombres et mornes,
Feuilles et fleurs du même ton,
Ses rameaux bifurquent en cornes :
On dirait quelque noir démon...

Je songe que parfois le diable
Vient hanter nos buissons la nuit,
Nous guettant d'un œil effroyable...
Mais qu'entends-je ? Quel est ce bruit ?

Quelqu'un bouge dans la ramure
Du rosier. Est-ce un farfadet?
Un froufrou de feuilles murmure...
Puis mon cœur bat seul, tout se tait.

Et de nouveau, dans le silence,
L'arbuste est immobile et noir.
Je m'enhardis, je le balance,
Je ne sais dans quel vague espoir...

Soudain, le rosier vibre et grouille!
Qu'est-ce qui tombe et saute en bas?
Oui, cela saute, et la grenouille
Sur les rosiers ne monte pas.

Et jamais je ne vis à terre
Les hannetons sauter ainsi:
L'étrangeté de ce mystère
Fige d'effroi mon cœur transi.

Quels sont donc ces étranges gnomes,
Vagues, informes, sans couleurs,
Qui, perdus dans d'obscurs atomes,
Caracolent parmi les fleurs?

L'un d'eux, caché sous une plante,
Reste tranquille et fait le mort.
Ah! si j'osais!... Ma main tremblante
Pour s'abaisser fait un effort.

Ma curiosité s'allume
Et, me penchant sous l'arbrisseau,
O ciel! je touche de la plume:
C'est un oiseau, c'est un oiseau!

Ce nid trouvé parmi les roses,
— O plaisir avivé de peur! —
Est l'une des plus douces choses
Qui chantent au loin dans mon cœur.

Courrières, 1886.

COURRIÈRES

A mon frère Louis Breton.

Lorsqu'a travers ta brume, ô plaine de Courrière,
L'ombre monte au clocher dans l'or bruni du soir,
Que s'inclinent tes blés comme pour la prière,
Et que ton marais fume, immobile encensoir ;

Quand reviennent des bords fleuris de ta rivière,
Portant le linge frais qu'a blanchi le lavoir,
Tes filles le front ceint d'un nimbe de lumière,
Je n'imagine rien de plus charmant à voir.

D'autres courent bien loin pour trouver des merveilles ;
Laissons-les s'agiter : dans leurs fiévreuses veilles,
Ils ne sentiraient pas ta tranquille beauté.

Tu suffis à mon cœur, toi qui vis mes grands pères,
Lorsqu'ils passaient joyeux, en leurs heures prospères,
Sur ces mêmes chemins, aux mêmes soirs d'été.

1869.

ILLUSIONS

A Anatole France.

Qu'impétueusement un cœur blessé s'élance,
Lorsque l'hiver l'étreint sous son linceul épais,
Vers le premier asile où, jeune et dans la paix,
Il s'écoutait chanter au milieu du silence.

Avec quelle âpre ardeur, âme, tu te repais
Du toit natal, des prés et des fleurs bordant l'anse
De l'étang où l'oiseau sur les joncs se balance ;
Et pourtant, ô Chimère, alors tu nous trompais !

Car dans ton beau mirage un avenir superbe,
Comme un été splendide ouvrait sa riche gerbe
Dont les épis flottants étaient de vrais soleils.

Tu mentais. — Mais qu'ils ont d'irrésistibles charmes
Ces fantômes qu'on voit dans les lointains vermeils,
S'iriser à travers le grand prisme des larmes !

Courrières, 1873.

DERNIER RAYON

Le grand soleil du soir, dont l'orbe vibre et plonge
Dans les saules brumeux, rougit un chaume obscur,
Et, par le pré cendré d'ombre tiède, prolonge
Un trait de feu dormant sous des reflets d'azur.

Deux vieillards sont assis à l'abri du vieux mur,
Bonnes gens au cœur droit, ignorant le mensonge;
Près d'eux, jase dans l'herbe un enfant rose et pur.
L'homme carde le lin, la femme file et songe.

Et voici que leurs yeux sont pris d'un tendre éveil
Là-bas, le couple jeune et fort, dans le soleil,
Revient de la moisson à l'agreste chaumière,

Et le petit, encor baigné d'aube première,
Au-devant de sa mère, au front clair et vermeil,
Comme un chevreau joyeux bondit vers la lumière.

1882.

LE RETOUR DE L'AUTOMNE

La moisson est finie et comble les greniers.
Les champs sont nus, les bois sont roux, et les sorbiers
Vibrent dans le brouillard comme des braises vives;
Vers le rouge corail de leurs grappes, les grives,
Poussant de faibles cris, arrivent par essaims,
Tandis que les moineaux, toujours prompts aux larcins,
Reviennent marauder dans les cours où s'allie
La paleur de la paille à la mélancolie
Que verse un blanc soleil dans l'azur pâle et doux,
Et des deuils oubliés se réveillent en nous...

L'ÉDEN.

A la mémoire de mon maitre Félix De Vigne.

I

En ce temps de ruine et de rêves détruits,
En ces jours de malheur où tout nous désespère,
A la clarté du jour je préfère les nuits;
Je m'y retrouve en songe au jardin de mon père;
J'y revois les rayons d'une enfance prospère,
Et je respire encor l'âpre parfum des buis.

C'est là que, doucement, s'ouvrirent à l'aurore
Mes yeux qu'avec amour ma mère contemplait;
Là que nous caressions la chèvre qui bêlait;
Qu'on me montrait au ciel le grand Dieu qu'on adore ;
Quand le nuage blanc venait ou s'en allait,
Que chantait l'alouette au fond de l'air sonore.

Pacifique séjour où tout était si pur!
Où la vigne amoureuse attachée aux murailles
Buvait tant de rayons, de rosée et d'azur;
Où l'épine brodait ses neigeuses broussailles;
Où les moineaux, le soir, faisaient, dans leurs batailles,
Comme un être vivant s'agiter l'arbre obscur;

Où les plantes brillaient plus joyeusement vertes;
Où les oiseaux légers, inquiets de leurs nids,
De l'arbuste fondaient sur les mouches alertes;
Par les fauves sentiers fraîchement aplanis,
Où les jeunes parents marchaient, les bras unis,
Souriant, me tendant leurs tendres mains ouvertes.

Tout mouillé de rosée, aux fraîcheurs du matin,
J'aspirais longuement l'âme des fleurs écloses.
Aux pêchers bourdonnaient des tourbillons sans fin
D'abeilles s'enivrant à leurs étoiles roses;
Et quatre marmousets, aux immobiles poses,
Simulaient les Saisons dans des touffes de thym.

L'étang clair où flottait l'image de la nue
Blanche et moirée au vent léger rasant les eaux,
Les libellules d'or frôlant les blonds roseaux,
La brune musaraigne à la trompe menue,
Comme un éléphant grêle allongeant ses naseaux,
Tout était merveilleux pour mon âme ingénue.

Une douce fatigue à midi me prenait;
Étendu sur le dos, parmi l'herbe fleurie,
Sur l'azur je voyais comme une broderie
S'agiter l'épi mûr que mon souffle égrenait:
De là vers l'infini montait ma rêverie,
Et l'hirondelle au ciel volait, volait, planait.

Qu'elle s'étendait haut la cime ambitieuse
Du peuplier géant dont l'ombre m'abritait !
Cet arbre, chaque fois que le vent l'agitait,
Secouait des flocons de graine vaporeuse
Dont l'un, de temps en temps, sur mon front s'abattait,
Pour s'envoler plus loin en poussière soyeuse.

Et mille bruits charmants, un orchestre enchanteur,
Venaient accompagner ces visions si pures ;
Au milieu des sons clairs, au milieu des murmures,
A mon oreille, un jour, parla le créateur :
Une voix... et personne... et sortant des ramures ;
C'était bien le bon Dieu, car je n'avais point peur.

On entendait parfois, après de courtes pauses,
Frémir un scarabée errant sous le fraisier,
La cigale agiter ses cymbales d'acier
Et les oiseaux de l'air, célestes virtuoses,
Dans l'arbre, en plein soleil, chanter à plein gosier ;
Puis les insectes d'or frissonner dans les roses.

Parfois c'étaient des bruits qui de loin émergeaient :
Cloches, je ne sais d'où, mais pourtant bien connues,
Et dont les sons aimés selon les vents changeaient ;
Leurs douces voix d'argent, profondes ou ténues,
Comme un vol de ramiers s'élançant dans les nues,
Frémissaient ; les échos rêveurs les prolongeaient.

Puis j'écoutais, collant mon oreille à la terre,
Le grand moulin debout sur son vert mamelon.
Un jour, j'avais surpris l'effroyable mystère
De ce monstre agitant un énorme pilon,
Tandis que ses grands bras tournaient à l'aquilon.
Je l'entendais encor quand tout semblait se taire.

II

En certains soirs d'orage, un immense soleil,
Tombait environné de nuages étranges.
On y voyait passer, dans le rayon vermeil,
L'enfant Jésus perdant des lambeaux de ses langes,
Ou la vierge Marie, ou des légions d'anges
Qui revenaient en rêve éclairer mon sommeil.

Mon âme dans l'extase, au sein de la chimère,
Butinant des parfums comme la mouche à miel,
Ne creusait pas encor jusqu'aux sources du fiel.
Et pourtant quelquefois je pleurais... et ma mère
Ne se montrait jamais aux cortèges du ciel;
Et c'était pour mon cœur une pensée amère.

Dieu l'avait rappelée, hélas! depuis longtemps.
Elle était là, bien sûr... la vieille l'avait vue,
La vieille qui venait, des gazons abondants,
Aux temps chauds de l'été, scier l'herbe trop drue,
A qui soudain un jour elle était apparue
Souriante et mêlée aux nuages ardents.

Cette vieille jamais ne m'était importune :
Toujours l'âge très tendre aime l'âge très vieux.
Sa ride était aimable et son œil lumineux.
Elle chargeait son faix et partait à la brune :
Mon regard la suivait toute pliée en deux.
Sa faucille à sa main prenait un air de lune.

Un jour, elle eut grand peur et faillit en mourir :
C'était loin dans les champs, à plus d'un quart de lieue !
Or, la foudre, en tombant, la fit s'évanouir.
Elle avait vu, dit-elle, en une flamme bleue,
Comme un coq rouge avec des sabres dans la queue,
Passer rapidement et plus vite s'enfuir.

Oui, je regrette encor la vieille Catherine.
Je crois encor la voir assise à son rouet ;
Elle chantait toujours, et sa voix s'enrouait.
Un auguste vieillard, sur la chaise voisine,
Sommeillait doucement, et la mite trouait
Son habit que sa queue inondait de farine.

Souvent je contemplais, pris d'un secret émoi,
Cette ruine étrange et valétudinaire ;
Je songeais tristement que cet octogénaire
Avait été gai, rose et jeune comme moi.
Je pressentais déjà qu'ici tout dégénère ;
Que cela devait être une bien dure loi.

Bientôt il s'endormit tout de bon. Ma grand'mère
Me dit un beau matin de printemps : — Il est mort.
Il est mort ! me disais-je ; il a le même sort
Que ce petit oiseau, mon captif éphémère,
Qui contre ses barreaux s'était jeté si fort
Qu'on le retrouva roide et... mort dans sa volière.

Les cloches, ce jour-là, sonnèrent en mineur,
Et longtemps le vieillard obséda mon idée.
Or, ma grand'mère était, elle aussi, bien ridée !...
La première ombre triste erra sur mon bonheur.
Dans la plaine, à foison, de rayon inondée,
Tel un nuage noir se montre au moissonneur.

III

Qu'êtes-vous devenus, monde où vont mes pensées,
Cher Éden lumineux où tout disait : amour ;
Beau soleil qui luisais au cadran de la tour ;
Longs voyages aux bois, fameuses odyssées,
Où pour faire une lieue on mettait tout un jour ;
Sourires attendris, bras ouverts, mains pressées ?

Qu'êtes-vous devenus, immaculés printemps
Emplissant le jardin de blancheur et d'arome,
Bonnes cloches pondant des œufs jaunes de chrome,
Naïf Saint-Nicolas ouvrant à deux battants
Vos coffres pleins de jouets jusque sous l'humble chaume,
Aux rires des parents beaux encore et contents ?

Te reverrai-je, enfant qui passas dans mon rêve,
Le temps que met l'étoile à filer dans la nuit,
Que met à disparaître une bulle qui crève,
Toi dont le clair regard cependant me poursuit ?
C'était un jour de mai, tranquille, où pour tout bruit,
Aux branches on croyait ouïr monter la sève.

Je ne sais plus son nom. De ses traits effacés
Je ne vois que les yeux, sa couleur rose et blonde.
Or, nous penchions, au bord de l'un des grands fossés,
Nos deux fronts ingénus que reproduisait l'onde ;
Tandis qu'à l'autre rive où l'herbe haute abonde,
Nous regardions un nid, les bras entrelacés.

Un nid si près de l'eau, n'était-ce pas étrange ?
— La mère, l'œil sur nous, par instants tressaillait.
Était-ce une alouette ou bien une mésange ?
Or la naïve enfant tout bas s'émerveillait :
Dans l'herbe elle avait pris l'incarnat d'un œillet ;
Comme elle avait couru, j'entendais son cœur d'ange.

Ah ! ce temps fortuné d'innocence est bien loin !
En sondant les secrets du grand sphinx, la Nature,
On brise la statue, on trouve l'armature.
L'esprit cherche et fait bien ; mais, libre de tout soin,
Heureux le jeune cœur naïf et sans culture,
Qui s'ouvre au grand soleil, sous le ciel, sur le foin !

IV

Quand Dieu me rendra-t-il l'adorable mystère
Des crépuscules bruns inondant le jardin ?
La salamandre obscure errait sur le chemin,
La fleur rouge était noire et la bleue encor claire,
La lune sur le mur ébauchait un lutin,
Les vers luisants semaient des étoiles à terre.

Et les chauves-souris au ciel traçaient des ronds ;
Et vibraient, dans les airs parfumés et limpides,
Les nuages volants et roux des moucherons ;
Et frissonnait le frêne au vol des cantharides,
Tandis que bruissaient les papillons rapides,
Ces amants de la nuit, les sphinx des liserons.

Quel éblouissement que l'Éden de l'enfance
Où la vive clarté jointe au mystérieux,
Fait de l'être réel un être merveilleux !
Que nous font les trésors d'une vaine science,
S'ils arrachent du cœur, rêves délicieux,
Tous les ravissements de la sainte ignorance ?

La science souvent fut pour nos cœurs éteints,
Cette goutte qui tremble à ces bulles vermeilles
Que puisent au savon les souffles enfantins,
Et qu'on voit resplendir aux étoiles pareilles.
Bientôt la goutte tombe, emportant ces merveilles,
Où dans la pourpre et l'or se miraient les lointains.

Courrières, 1870.

CRÉPUSCULE

A Charles Daubigny.

L'ANÉMONE et la renoncule
Ont fermé leurs fleurs de satin,
Voici le soir; le crépuscule
Verse ses rêves au jardin.

Tout sommeille, même la brise,
Dans l'enivrement des parfums ;
Et la couleur se calme, exquise,
Dans la puissance des tons bruns.

Quand la nature se repose,
Lasse de jour et de splendeur,
Elle ouvre son âme, et la rose
Dormant dans l'ombre a plus d'odeur.

Ainsi notre âme se réveille,
Lorsque nos sens sont assouvis,
Que des vains bruits frappant l'oreille,
Nous ne sommes plus poursuivis.

Le Dieu devient discret et voile
Les inutiles ornements ;
Tout s'agrandit ; voici l'étoile.
Le ciel s'emplit de diamants.

La lumière pâle et diffuse
Baigne d'un charme tous les corps ;
Et la silhouette s'accuse
Par un fil doré sur les bords.

Le mystère a chassé la prose ;
Tout nage dans l'air savoureux
Et des lueurs d'apothéose
Émanent des fronts amoureux.

Et quelle fraîcheur ineffable
D'améthyste et de gris perlé,
Le zénith verse sur le sable,
A côté du gazon brûlé !

Un rayon court dans l'ombre grise,
Plonge et meurt dans les profondeurs,
Faisant encor, lorsqu'il se brise,
Jaillir de suprêmes ardeurs.

Et les fleurs chuchotent, discrètes,
Dans le silence d'alentour,
Dressant quelques rouges aigrettes,
Sous les derniers regards du jour.

Par les buissons les émeraudes
Ont une sourde intensité ;
Les fonds sont bruns ; des vapeurs chaudes
Se traînent dans l'immensité.

Par delà les touffes d'érable,
Au ciel d'opale et d'or bruni,
Plein d'une tendresse adorable,
Palpite et tremble l'infini.

Oh ! ferme ta fleur, renoncule,
Amante du grand jour qui luit,
Pour ne pas voir au crépuscule,
Le Jour s'accoupler à la Nuit.

Courrières, 1873.

LA MOISSON

A Frédéric Plessis.

Tout débordant du blé de la moisson nouvelle,
Quand roulent au soleil, lentement, de grands chars
Traînés par de puissants chevaux aux crins épars,
La majesté des champs à l'âme se révèle.

Et l'humble moissonneur assis sur la javelle,
Qui s'en revient combler la grange et les hangars,
Se balançant aux chocs des lourds essieux criards,
Est superbe au milieu du flot d'or qui ruisselle.

Par un âpre labeur il a conquis le pain.
Son grand combat ne fut ni meurtrier ni vain,
Et la terre a béni sa féconde victoire.

L'été déroule au loin son plus fauve tapis ;
Et l'homme triomphant resplendit dans la gloire
Des gerbes de rayons et des gerbes d'épis.

Courrières, 1873.

LES GLANEUSES

A Paul de Saint-Victor.

La terre pâle et fauve
A vu tomber ses blés,
Et les coteaux brûlés
Inclinent leur dos chauve.

A peine quelques brins
Restés debout encore,
Ayant tardé d'éclore,
N'ont pu mûrir leurs grains.

Au milieu de l'éteule,
Brillent, frêles débris,
Quelques pavots fleuris
Qu'a protégés la meule.

Par le charme surpris,
Doucement l'œil repose
Sur le jaune et le rose,
Sur le sol gris-souris.

La plaine fuit, immense,
Se joindre au ciel profond,
Au loin tout se confond,
Tout flamboie et tout danse ;

Et par un hymen pur,
A l'horizon qui tremble,
On voit s'unir ensemble
Et le fauve et l'azur.

Souple et pliant l'échine,
Le sein près du genou,
Le soleil sur le cou,
La glaneuse s'incline.

Tout est plein de rayons,
Têtes blondes ou grises,
Et jupons et chemises
Penchés vers les sillons.

Sur le sol que lézarde
Une chaleur de four,
Splendide, éclate au jour
Plus d'une pauvre harde.

Le soleil, ce sorcier,
Transfigure la chose,
Rien de ce qu'il arrose
N'apparaîtra grossier ;

Et ses éclaboussures
Allument les cheveux,
Dorent les pieds nerveux
Qui sortent des chaussures.

Son regard tout puissant
Aux rayons couleur d'ambre,
Fait, lorsqu'il touche un membre,
Transparaître le sang.

Et même la cocarde,
Cet antique oripeau,
Brille sur le chapeau
Solennel du vieux garde.

Les cheveux dans le vent
Se mêlant à la glane,
Voici la grande Jeanne
Au corps souple et mouvant.

Dans l'ombre un œil farouche
Luit sous le front étroit,
Et le nez tombe droit,
Droit sur l'arc de la bouche.

Elle marche à grands pas ;
Sa jupe vole, ondule ;
Derrière s'accumule
Un flot de plis lilas.

Arrondi, haut et ferme,
Qu'il est noble son cou !
Plus charmant qu'un bijou,
Un double pli l'enferme.

Courant en liberté,
Un duvet fin, folâtre,
De sa tempe olivâtre
Tempère la fierté :

La beauté trop rigide,
Les contours accomplis
Veulent être assoupis :
A l'onde il faut la ride ;

Au marbre il faut le grain
Et le bruni que trace
L'aile du temps qui passe,
Artiste souverain.

Et du bout de cette aile
L'antique égratigné
Paraît être imprégné
D'une grâce nouvelle.

De la nuque aux pieds nus,
Une adorable ligne
S'infléchit et désigne
Des charmes inconnus.

Sur le sein la chemise
Tourne des plis charmants
Qui tremblent par moments,
Soulevés par la brise.

Un bras solide et pur
S'échappe de la toile,
Et la marche dévoile
Une jambe au pied sûr.

Le chaud soleil caresse
Son beau corps ondulé,
A travers l'or du blé
Mordant sa brune tresse ;

Et dans un clair essaim
D'atomes il se joue,
Il effleure la joue,
Le corsage et le sein.

Dans la fraîcheur des ombres
Court un frisson d'azur ;
Un reflet chaud, obscur,
S'éteint dans les trous sombres.

Souple comme un serpent,
Pliant, levant ton buste,
Fine, longue et robuste,
Sur tes reins te campant ;

O Cérès de la Gaule,
Aux feux de messidor,
Comme les épis d'or
Font bien sur ton épaule !

Tu descends le talus,
Tu pars, ô belle Jeanne !
L'œil suit encor ta glane
Mais il ne te voit plus.

Le grand ciel s'illumine,
Et déjà le soleil,
Dans le couchant vermeil,
Tombe sur la colline.

Tout défile à la fois ;
Les mains sur chaque joue,
Le garde qui s'enroue,
S'est fait un porte-voix ;

Il sonne la retraite ;
On l'entend retentir :
Allons! il faut partir
Car la journée est faite.

Et courant en avant,
Les enfants sont superbes
Couverts de grosses gerbes
Qui s'agitent au vent.

Sous l'immense coupole,
Éternel ostensoir,
L'orbe rouge du soir
Éteint son auréole ;

Le groupe vague et noir
Monte vers le village
Dont le clocher surnage
Dans la brume du soir ;

Et dans le ciel que borne
Un long nuage d'or
La lune, pâle encor,
Luit sur un grand bicorne.

Courrières, 1872.

THÉODORE ROUSSEAU

ET LE BUCHERON

Au Vicomte Henri Delaborde.

Théodore Rousseau, fuyant les ateliers
A la lumière terne et tristement oblique,
Vivait dans la forêt, ce temple symbolique
Dont les vieux arbres sont les superbes piliers
Entrecoupés d'éclairs, jetant au loin leur ombre,
Et sur le ciel ouvrant, en leur majesté sombre,
Les étoiles d'azur de leurs graves arceaux
Pleins de bonds d'écureuils et de chansons d'oiseaux.
Or, de ce temple, un jour, l'infatigable prêtre
Priait à sa façon. Ardent, l'œil inspiré,
Rousseau peignait un chêne; on voyait apparaître
Sous ses doigts attendris l'arbre transfiguré,
Et, vibrante, tomber sa touche fine et franche.

Sa main la modelait, errant de branche en branche
Dont chacune en son cœur chantait comme un verset
Du poème éternel que son œil embrassait.
Il étreignait le Sphinx, redoutable adversaire
Qu'il faut serrer de près et toujours épier;
Et, sublime interprète, il était si sincère,
Que peut-être il croyait simplement copier.

Tandis qu'il se livrait à son âme envahie
Par les féconds transports de l'admiration,
Il entend comme un bruit de respiration,
Se retourne et rencontre une face ébahie :
Un rustre écarquillait son gros œil stupéfait;
Le peintre croit vraiment qu'un vif attrait l'enchaîne.
Alors le paysan : « Pourquoi fais-tu ce chêne,
Puisque ce chêne est là, puisqu'il est déjà fait ? »
Et l'artiste partit d'un grand éclat de rire.
Il en avait le droit. Mais on ne saurait dire
La gaîté que ce mot naïf fit éclater
Chez des gens qui feraient mieux de le méditer.
Pourquoi trouvent-ils donc ce propos ridicule,
Ceux de qui l'art sans but sur les niais spécule?
Pourquoi mettre cet homme au nombre des crétins,
Pour ne comprendre pas leurs travaux enfantins?
Ne sont-ils pas plus fous de tenter l'impossible
Pour ne montrer aux yeux qu'un miroir impassible,
Qui de l'âme et du cœur ne reçoit pas le sceau ?
Or, son seul tort était de parler à Rousseau,
Mais s'il avait eu trait à la grande phalange
Qui place un trompe-l'œil plus haut que Michel-Ange,
Qui, réprouvant le beau comme trop peu réel,
Préfère le Guerchin au divin Raphaël;
Et si ce bûcheron s'adressait à vos toiles,
Imitateurs passifs qui n'êtes pas jaloux

D'un coin de l'infini ; qui, l'œil sur les cailloux,
Marchez tête baissée en niant les étoiles ;
Qui, n'admettant pour vrai que la vulgarité,
Soulignez seulement ce qu'il vaudrait mieux taire,
Et ne comprenez pas que l'art est la clarté
Suprême s'affirmant au milieu du mystère ;
Tous vos rires alors seraient hors de saison,
Et véritablement cet homme aurait raison.

Paris, 1873.

A LECONTE DE LISLE

La fleur de l'aloès, sous le feu des tropiques,
Éclate bruyamment aux baisers du soleil.
Poète, ainsi jaillit, dans un bouquet vermeil,
L'ardente explosion de tes strophes épiques.

L'âpre aloès, armé d'un dur faisceau de piques,
Peut, le long des chemins, dormir son fier sommeil ;
Mais le chantre sublime est loin d'un sort pareil,
Et l'outrage poursuit les vainqueurs olympiques.

Maître, dédaigne ceux qui jetèrent du fiel
Dans ton immense amour où souriait le ciel.
Un grand cœur doit aimer, et la haine le tue !

Va ! méprise l'envie et ses blêmes serpents ;
Ils n'atteindront jamais de leurs anneaux rampants
Le marbre haut et pur qui contient ta statue.

1876.

LES RUINES

Les vieillards, quand près d'eux, semaine par semaine,
Le temps a dévasté, tour à tour, fleurs et fruits,
Les vieillards ont, ainsi que la cité romaine,
Au cœur un forum mort plein de temples détruits ;

Silencieux désert où leur âme promène
Son long ennui stérile, où l'ortie et le buis,
Et l'herbe solitaire, en l'antique domaine,
Ont étouffé l'orgueil des fastes et des bruits ;

Où des frontons muets la légende effacée
Sous la rouille des ans dérobe sa pensée.
Plus de chants, les oiseaux aiment les floraisons.

Plus de prisme charmeur irisant les bruines ;
Mais de graves soleils, de vastes horizons,
Éclairant la beauté dernière des ruines.

LES HAMEAUX DU FINISTÈRE

A André Theuriet.

Parmi les ajoncs d'or, les houx noirs, les mélèzes
Et la lande saline où l'étalon hennit,
Aux bords où l'âpre et rude Armorique finit,
Des hameaux sont semés sur le dos des falaises
Qui hérissent leur longue échine de granit.

Ils ont pour contreforts de massifs pans de roche.
Le lierre les étreint d'un sombre vêtement.
Ils vieillissent ainsi, bravant le dur tourment
Des tempêtes qui font gémir la lame proche
Et les bois que la mer ploie éternellement.

Ils dorment là, tandis que midi flambe et brise
Contre le sol pierreux la pointe de ses dards ;
Ils dorment confondus avec les blocs épars
Qui chauffent au soleil leur mousse sèche et grise,
Allongés et muets comme de grands lézards.

Ils dorment. Si parfois une génisse beugle,
Troublant ce lourd sommeil des pierres, on dirait
— Tant le charme est profond où le rêve s'abstrait —
L'étrange et lent soupir d'une maison aveugle
Qui renferme un ancien et douloureux secret.

Il semble que le jour les effraie. Un mystère
A toute heure épand l'ombre autour du foyer noir,
Où, sous le voile épais, les cuivres du dressoir,
Par place, éveillent seuls comme une étoile austère.
Le jour la rue est morte, elle renaît le soir.

Quand le soir met son bronze aux pignons de la rue,
Quand l'étoile du pâtre éclôt au ciel tremblant,
Noires comme la nuit, sous leur grand bonnet blanc,
Errent des femmes, l'une après l'autre apparue,
Le tricot à la main ou la quenouille au flanc.

La jeune, svelte et longue ainsi qu'une hirondelle,
Tient droits son col sauvage et son profil amer;
Et, sœur des goëlands qui planent sur la mer,
L'aïeule a relevé son châle en forme d'aile,
Comme pour chevaucher sa quenouille dans l'air.

Mais loin d'aller, la nuit, se mêler aux sorcières
Qui, dans le rut maudit de l'infernal hymen,
Font tournoyer leur ronde autour du vieux dolmen,
Ces femmes ont pour seul talisman leurs prières
Et pour seule réponse au sort fatal : « Amen ! »

On les voit s'aborder, se parler. La nuit brune,
Envahissant le sol de remous vaporeux,
Monte, et son ombre emplit les vallons et les creux;
Mais, par-dessus les toits que l'or baigne, la lune
Jette un pâle regard aux groupes ténébreux.

Deux jeunes gens, là-bas, se tiennent en arrière :
Beau gars de qui la main, le jour, conduit le soc ;
Fillette s'appuyant, rêveuse, contre un bloc.
Ils s'aiment d'un amour pareil à la bruyère,
Qui germe et prend racine, et, sans bruit, fend le roc.

Et tous les paysans regagnent leur chaumière,
Quand la nuit plus épaisse envahit le ciel clair.
Alors la lune, haute, éclate au fond de l'air,
Et les toits sont rentrés dans leur sommeil de pierre,
Que berce le murmure immense de la mer.

LA GRÈVE

Sur le golfe d'azur brodant d'un fil d'argent
Ses contours arrondis, ses raides promontoires,
Ses rochers veinés d'or, couverts de forêts noires
Et de roses sommets dans la brume plongeant,
Soutenant d'une main sa flottante quenouille,
Et sa marche tranquille, en son âpre fraîcheur,
Foulant la grève où court l'air salin qui la mouille,
Quand passe près des flots la fille du pêcheur ;
Lorsque son brun visage aux lèvres purpurines,
Sous un ciel de saphir, brille, et qu'un souffle amer
Entraîne son mouchoir couleur d'algues marines,
Son jupon toujours bleu sur le bleu de la mer,
Son chanvre au ton de sable et sa coiffe d'écume
Qui frémit, se soulève et tremble à l'ouragan,
Oui, parfois l'on dirait que cette enfant résume
Les sauvages beautés du splendide Océan.

Douarnenez, septembre 1873.

DOUARNENEZ

A Emmanuel Lansyer.

Sœurs de ces marbres purs que le grand art modèle,
Tant que, dans leur lenteur, les Bretonnes iront
Vers la source au rocher, droites, l'amphore au front,
Sur leur nuque entr'ouvrant des ailes d'hirondelle;

Au pied de la falaise où sèchent les filets,
Tant qu'on pourra s'étendre, au soleil, sur la grève,
Et suivre indolemment la lame qui, sans trêve,
S'avance, se retire et roule les galets;

Voir le goëland blanc croiser la voile blanche;
Sur le roc, la fileuse enrouler son fuseau,
Quand sa coiffe palpite ainsi qu'un vol d'oiseau,
Qu'elle tourne son fil, la quenouille à la hanche;

Tant que sur tes coteaux fleurira l'ajonc d'or ;
Douarnenez, tu verras accourir les poètes ;
Tu calmeras leur cœur plein d'ardeurs inquiètes,
Ils t'aimeront d'amour et reviendront encor.

S'ouvrant sous le ciel bleu comme une immense coupe,
Ils reverront ta baie avec ses matelots,
Lorsque, miroir paisible, elle endort dans ses flots
Un grand nuage blanc que le navire coupe ;

Ou lorsque le flot lourd sur la falaise fond,
D'un seul bond l'escalade, et la lèche et la lave,
Puis retombe brisé, bouillant comme la lave,
Se tordre et tournoyer dans le gouffre sans fond.

Ah ! puissent-ils longtemps, sous tes épais ombrages
D'arbres graves et noirs, voir dans leur profondeur,
Par les trous d'indigo, sur l'abîme grondeur,
Les barques s'incliner, étincelants mirages ;

A travers Ploaré que l'éternel archer
Crible de flèches d'or, voir, dans son clair effluve,
Le noble Menez-c'hom qui ressemble au Vésuve,
Revêtir la couleur de la fleur de pêcher !

Douarnenez, 1873.

LA SOURCE SOUS BOIS

A Paul Baudry.

Dans le fond d'une tiède et paisible clairière
Ouvrant dans la forêt obscure un soupirail,
Où l'herbe est de velours, où près de la bruyère,
De son écrin l'iris égraine le corail ;
Où les rayons discrets, mêlés aux vapeurs chaudes,
Effleurant le gazon touffu, le traversant,
Font de cette verdure intense du versant
Un ruisselant tapis de sombres émeraudes
Où le gai papillon s'égare quelquefois ;
Tandis que doucement frissonne la ramure,
Que l'oiseau se recueille et fait taire sa voix,
Adorable babil, une source murmure.
Au milieu, sur le sol plus humide et plus noir
Un agreste bassin, comme un sombre miroir,
Entouré de granit, de mousses et de lierre,
Reflète un bloc troué qui laisse couler l'eau
Et se tache de brun comme un tronc de bouleau.

Une fillette est là, son genou sur la pierre,
Se détachant d'un ton puissant sur le fond vert;
Et le jour affluant dans l'espace entr'ouvert,
Autour de l'enfant glisse un doux trait de lumière
D'où paraît émaner comme un nimbe changeant.
Laissant flotter son âme en une molle trêve
Où l'idée apparaît et jamais ne s'achève,
Elle incline un front beau d'abandon négligent,
Et son regard perdu tout au fond de son rêve
Suit le fil d'eau qui tombe en torsade d'argent.

Douarnenez, 1873.

FLEUR DE SABLE

A Ernest Hébert.

Une exquise vapeur d'un lilas tendre rôde,
Dans de vagues remous, s'enflant et s'allongeant
Sur la côte, et la mer prend un reflet changeant
D'améthyste, d'opale et de pâle émeraude.

L'océan reposé, muet, traîne ses flots
Que çà et là déchire une roide nageoire,
Indolemment, ainsi que de longs plis de moire,
Et se soulève à peine aux rochers des îlots.

A peine si l'on voit remuer la bouée,
Mélancoliquement, sur le miroir uni ;
Aux mates profondeurs d'un ciel d'argent bruni,
Par instant le soleil essaye une trouée.

Une lame, parfois, accourt, jette un bruit clair,
Déroule son collier de perles sur la grève,
Et, tourbillon subtil et confus comme un rêve,
S'éparpille, s'étale et retourne à la mer.

Sur ce fond lumineux et calme, une enfant blonde,
Svelte et lente, marchant, le jupon relevé,
Incline son profil au contour achevé,
Le col frêle et les yeux rêveurs penchés vers l'onde.

Parmi ces merveilleux accords de la couleur,
Où la splendeur revêt l'ineffable tendresse,
S'ouvrant au souffle pur de l'air qui la caresse,
On voit s'épanouir sa jeune bouche en fleur.

Sur le sable irisé par le flot qui l'arrose,
Où tremble, avec le ciel, le reflet virginal,
A temps égaux, la lame aux lèvres de cristal
Déferle sur l'enfant et baise son pied rose.

Douarnenez, 1873.

YVONNE

A André Lemoyne.

Je regardais souvent, le coude à la fenêtre,
Les filles revenir de la source à midi.
Yvonne apparaissait, et son geste hardi,
Son haut galbe de loin la faisait reconnaître.

C'était pour le regard une fête, parbleu !
Que de la suivre alors, si droite sous sa cruche,
Quand, relevant sa coiffe en huppe de perruche,
Le vent faisait flotter son souple jupon bleu.

Avec quelle beauté, laissant son humble châle
Tomber en nobles plis que la brise inclinait,
Elle étendait le bras, en l'air, et retenait
Son amphore de grès rouge sur son front pâle !

Que ses traits étaient purs! Je ne sais quoi d'amer
Et de charmant errait sur sa lèvre sauvage;
Et comme elle était bien la fille du rivage,
Forte et comme trempée aux souffles de la mer!

Par la rue aux rumeurs banales et narquoises,
Où quelques maigres chiens, craintifs, se font la cour,
Parmi de vils ramas poussés de mainte cour
Aux ruisseaux où le ciel reflète ses turquoises,

De la ville rasant les murs gris ou crayeux,
Je crois la voir encore, une main sur la hanche,
Sans que de l'urne pleine une goutte s'épanche,
Grande et grave passer sans détourner les yeux.

Saint-Pol de Léon, 1873.

LES LAVANDIÈRES

A Eug. Fromentin.

La mer vient déferler sur une plage blonde,
Où, parmi les écueils couverts de goëmon,
De sonores galets, de sable et de limon,
Les filles de la mer, se détachant sur l'onde,
Opposent, sous l'éclat d'un nuage aveuglant,
Lorsque sur le rocher le flot se brise et fume,
Les blancheurs de leur linge aux blancheurs de l'écume
Et leurs grands châles noirs au soleil ruisselant.
Ainsi que fait l'abeille aux abords de sa ruche,
Passent, passent sans cesse, avec leur large cruche,
Parmi ces tourbillons de l'onde et du soleil,
Des femmes qui, le soir, dans le rayon vermeil,
S'agrandissant, ont l'air d'antiques canéphores ;
De celles qu'on voyait aux temps de la beauté,
A l'ombre de l'Hymette, avec sérénité,
De la source sacrée emporter leurs amphores.

Les laveuses, plus bas, fourmillent au lavoir.
Comme un drapeau joyeux, s'agite le mouchoir
Et voltigent gaiment les barbes des cornettes,
Telles qu'un fol essaim d'amoureuses mouettes,
Qui, sur ces cous charmants se serait laissé choir,
Et, pour s'y maintenir, palpiterait des ailes.
Le corsage ondulé s'incline sur les eaux
Des bassins attiédis laissés par les ruisseaux
Qui courent dans la mer perdre leurs étincelles.
Les bras ne cessent point d'aller et de venir,
Plongeant et replongeant le drap qui se ballonne.
L'un frappe du battoir, l'autre tord ou savonne
Les hardes et le linge; et l'on voit se ternir
Le cristal qui blanchit et se couvre de bulles.
D'un geste magnifique on charge les paquets;
Dans le bruit sourd des flots éclatent les caquets;
Et funèbres, tenant leurs conciliabules,
Des vieilles qu'on croirait de funestes oiseaux,
Assises sur les rocs des âpres promontoires,
Le front bistré, les yeux éteints, raides et noires,
Comme l'antique Parque agitent leurs fuseaux;
Tandis qu'un peu plus loin, reposant sur sa hanche
Que presse un jupon bleu, la jeune fille penche
Sa forme au long profil sur l'outremer des eaux.

Douarnenez, 1873.

LES DEUX CROIX

A Robert-Fleury.

On voit, sur une route au pays de Pontcroix,
En plein ciel, toute neuve, une pompeuse croix
Où resplendit un Christ badigeonné de rose.
Deux ou trois pas plus loin, se tord, navrante chose,
Piteux et relégué sous les buissons d'un mur,
Laissant saillir de l'ombre un horrible fémur,
Penchant affreusement sa tête mutilée,
Au milieu de l'ortie à la ronce mêlée,
Oublié, l'ancien Christ informe et sans couleur.
Et l'éternel Souffrant, qui calme la douleur,
Rappelle, en cet état, les âpres agonies
De tant de nobles cœurs jetés aux gémonies;
Et le lépreux qui fuit le jour injurieux,
Le mendiant lui-même en détourne les yeux :
Et le poète l'aime... et la foule qui passe
N'a de regards que pour celui qui dans l'espace

Étend ses bras en croix dans une gloire d'or.
Au crucifié même il faut un beau décor;
A celui-ci l'encens, les vœux et la prière;
L'autre, dans les cailloux, n'est qu'une vaine pierre.
Et cependant quel cœur ne serait pas touché!
Un trou s'ouvrait au mur, et le Christ l'a bouché!
Et l'égout du chemin, de sa fétide haleine,
Baigne ses pieds aimés qu'arrosa Madeleine.

Toi dont le crime fut de répandre l'amour,
Lorsque, pour t'en punir, Ponce et Caïphe, un jour,
Sur ta tête eurent mis la couronne d'épines,
O Christ! qu'un paysan de ses mains enfantines,
D'un barbare ciseau par l'amour ennobli,
Tailla dans ce bloc dur; croyais-tu que l'oubli
Oserait te jeter dans un trou de muraille,
Et qu'outrage dernier, l'insultante broussaille
Mêlerait sur ton front qui saigne et qui bénit
L'épine de la ronce à celle du granit ?

Douarnenez, 1873.

LE PARDON

POÈME

A la mémoire de Théophile Gautier.

I

La route que le rocher perce
De la côte entaille le flanc
Dans une éblouissante averse
De soleil sur le sable blanc.

La fine poussière qui vole,
Çà et là tourne en tourbillon,
Et la cendre grise désole
Les houx aux fruits de vermillon.

Aux troncs des arbrisseaux s'enlacent
Partout d'amoureux sauvageons,
Et les chèvrefeuilles embrassent
Les bouquets d'or des verts ajoncs.

Sous la ronce étouffe le câpre ;
Au ciel aspire un cyprès noir ;
Là s'ouvre dans le granit âpre,
Immense coupe, un frais lavoir.

La source en sort, et puis s'élance
Dans le vallon qui rit en bas,
A l'ombre où dort un vert intense
Que le soleil ne connait pas.

Derrière, devant, en silence,
Cheminent des groupes nombreux ;
Le lourd chariot se balance
En se heurtant au sol pierreux.

Les bragou-braz, les vestes bleues
Chevauchent, et les cheveux longs
Luttent avec les longues queues
Tombant des petits étalons.

Et sous les hardes des dimanches,
Où brillent les galons d'argent,
Les femmes vont, tenant des branches,
Inclinant le front et songeant.

Elles ont les mitres brillantes
Aux fonds d'or, de tulles ornés,
Les coiffes aux barbes volantes,
Les cornettes de Douarnenez.

Et plus loin s'enfoncent les landes,
Comme un océan de fleurs d'or ;
Puis les troupeaux en sombres bandes,
C'est jaune et noir, et jaune encor ;

Tandis que, par faveur insigne,
Pour encadrer ce tableau pur,
La mer au fond trace une ligne
D'un immobile et tendre azur.

II

La cloche qui tinte à pleine volée
Va porter l'éveil, sous les bois ombreux,
Aux manoirs peuplant la sombre vallée ;
Sur la dune au loin, l'église isolée
Apparait au bout d'un long chemin creux.

La foule déjà sous la voûte obscure
Enfonce ses flots tout bariolés ;
Et les jupons bruns près de la verdure,
Les bonnets joyeux, les vestes de bure,
Se perdent dans l'ombre aux branches mêlés.

On entend parfois, note fugitive,
Un chant qui s'élève et s'éteint, dolent,
Puis s'élève encor : complainte naïve
Qui du fond des ans jusqu'à nous arrive,
Misère qui geint en son rythme lent.

Le chemin descend sous l'arc de ramures
Où l'ombre dévore, avec les reflets,
Les rayons fitrant par les ouvertures,
Et, dans le velours des taches obscures,
Dansant plus joyeux que des feux follets.

Accords de tons sourds et de notes franches,
Intensité noire, éclats embrasés ;
Du ciel tamisé mille étoiles blanches,
Lueurs de saphir et d'or sur les branches,
Nuit, éclairs, azur, tout entre-croisés.

Au bord du chemin, un calvaire étrange,
Dans le dur granit pauvrement taillé,
Étend ses bras morts à côté d'un ange.
Mais le rideau s'ouvre et le décor change :
Voici le pardon immense, émaillé.

III

Le regard, tout à coup, plonge dans cette foule
Innombrable, qu'agite un mouvement de houle,
Et qui berce, ondoyants en son flux et reflux,
Des costumes anciens et des dos chevelus ;
Dans un monde touffu, dont les splendeurs agrestes,
Ruissellent au soleil ; où brusquement les gestes
Font remuer des noirs et d'intenses couleurs,
Sur l'espace infini dont les fauves pâleurs
Vont s'azurer au loin en transparentes zones ;
Où parmi l'ajonc d'or brillent des coiffes jaunes
Et des rouges errants ainsi que des pavots
Qu'entraînerait le vent rapide ; où des chevaux
Auprès des chariots, paissent entre les tentes
Qui dressent dans le camp leurs toiles éclatantes,
Et dans leur blancheur vive ouvrent des trous obscurs ;
Tandis que, par endroits, immobiles et durs,

Des rochers écroulés, formidables décombres,
Hérissent le désert de leurs blocs lourds et sombres ;
Et la flèche gothique élevant sa croix d'or,
Et l'horizon immense et le ciel, puis encor,
Avec ses frais brouillards mêlés aux vapeurs chaudes,
La mer, la mer, au loin, roulant ses émeraudes.

Or, tandis que les yeux s'étonnent, éblouis,
Les airs sont traversés par des bruits inouïs ;
Tout ce peuple va, vient, se presse, se balance
Et se tait. Au milieu de ce morne silence
Que rompt l'Océan, seul, de ses sourdes rumeurs,
Gémissent, par instants, de lugubres clameurs
Qui montent de l'église et passent sur les tentes
Dans un éclat confus de voix intermittentes,
De plaintes, de sanglots, de cris désespérés
Se modulant ainsi que des psaumes sacrés.
La foule reste sourde et grave et sans murmure.

Dès que le chemin noir, sous l'arc de sa ramure,
Découvre ce tableau singulier et charmant
Mêlé de calme étrange et de fourmillement,
Comme à travers le cadre obscur d'une fenêtre,
L'esprit reste hésitant ; mais bientôt il pénètre
Ces groupes si divers dans leur grande unité.
Chaque village amène une variété.
Paysan ou marin, chacun porte sa marque,
Celui dont la charrue et celui dont la barque
Dans la glèbe ou la mer ont creusé leur sillon.
Les reins ceints d'une écharpe à l'ardent vermillon,
Teint bronzé, béret rouge ou bleu, mouvements prestes,
Tel le marin ; tandis que, plus sobre de gestes,
Ses traits durs qu'obscurcit une sombre pâleur
Exprimant à la fois la crainte et la valeur,

Haut de taille, courbé sous sa longue encolure,
Laissant flotter au vent sa grande chevelure,
Le paysan muet et jamais ne riant,
Ainsi que ses aïeux venus de l'Orient,
A la veste et le grand bragou-braz. La coutume
Impose à chaque bourg la couleur du costume.
Qu'il habite la ville ou le lointain manoir,
L'homme de Châteaulin est entièrement noir.
Les vestes, les gilets bleus brodés aux coutures
Désignent Plonevez qui porte des ceintures
De cuir piqué de clous dessinant des cœurs d'or,
Et fait luire, pareils aux sequins d'un trésor,
Ses boutons de métal se touchant à la file.
Quéméneven, gros bourg nomade et mercantile,
Lance des colporteurs, beaux hommes dont pas un
N'oserait se montrer, sinon vêtu de brun.
Pont-l'Abbé, défiant le rire des athées,
Orne comme un autel ses vestes écourtées
Et d'un beau fil de soie, ingénieusement,
Au milieu de leur dos brode un Saint-Sacrement.

Venus de tous les points de l'âpre Finistère,
Entremêlant leurs traits, leurs mœurs, leur caractère,
Voici Roscoff, Kemper, Concarneau, Locronan
Qui vante son grand porche au vieux style roman,
Et prend son nom du saint endormi dans l'église
Qu'on aperçoit de loin sur sa montagne grise;
Puis Plomodiern, Kerlas, Lejug et Pouldergat,
Comfort au beau calvaire et Saint-Jean, Lannergat
Qui naît, grandit et meurt sous ses chênes antiques,
Et Penmarc'h qui, du pied des ruines gothiques,
De sa plaine autrefois florissante cité,
Regarde avec horreur l'Océan irrité
Sur sa barre d'écueils rebondir en spirales,

Et surgir les débris sombres des cathédrales
Comme de noirs vaisseaux dans une mer de blés ;
Puis, dans la lande immense au hasard assemblés,
Ploaré dont les gars aiment les couleurs vives,
Kermenhir, Ménez-c'-hom, Pouldahut dont les rives
Ont vu jadis tomber la fille de Gradlon,
Et Poullan qui nourrit le plus bel étalon,
Tréfentec conservant un mur d'Is dans sa dune,
Et Crozon isolé sur sa falaise brune,
Et Locmariaker à l'immense menhir ;
Kérity que demain les flots vont envahir,
Qui vainement élève une digue fragile
Dont l'âcre mer dévore incessamment l'argile,
Et qui, les pieds perdus dans les sables mouvants,
Pousse des cris d'effroi que dispersent les vents ;
Et l'obscur Kerghéré qui rêve sous les branches ;
Puis Douarnenez qui voit s'enfler ses voiles blanches,
Dont les femmes s'en vont, superbes, d'un pas sûr,
Tremper leur jupon bleu dans le golfe d'azur,
Qui contemple dans l'or les montagnes lointaines,
Au murmure discret de ses claires fontaines,
Et qui, la nuit, livrant aux flots ses mariniers,
S'endort paisiblement sous les hauts marronniers.

Par les chemins divers, par le fauve rivage,
Par la dune mouvante et que le vent ravage,
Où l'herbe grêle croît plus roide que le crin,
Chaque minute amène un nouveau pèlerin.
Parfois ce sont, ainsi qu'aux sauvages savanes,
Des profils sinueux de longues caravanes,
Rubans bariolés où flottent des points blancs.
Des chevaux en sueur et qui saignent aux flancs,
Dans de pauvres harnais rattachés d'une corde,
Tirent violemment, sous le faix qui déborde,

Des chars lourds et criant sur leurs essieux massifs ;
De la veille arrivés, hennissants et lascifs,
D'autres, frais, reposés, à la croupe superbe,
De l'air plein les naseaux, bondissent parmi l'herbe.
Tels que des combattants tombés sur les remparts,
Semant la dune au loin de leurs groupes épars,
Dorment des pèlerins que la fatigue accable.

Cependant, sous l'auvent du clocher, le grand câble
S'agite ; tout à coup les airs retentissants
Vibrent et vont porter en orbes frémissants
Dans l'espace, la voix pieuse de la cloche.
Signal et bienvenue : une paroisse approche ;
La tour lui jette ainsi son éclatant salut :
Usage fraternel et touchant qui n'exclut
De cet accueil pas même une pauvre bourgade.
Et puis c'est la rencontre et l'antique accolade
Qui fait s'entrechoquer la bannière et la croix.
La paroisse qui vient est celle de Pont-Croix.
Son étendard au vent joyeux flotte et palpite ;
Le cortège pieux passe et se précipite
Dans la foule qu'il fend, il s'y mêle un moment,
Il porte son offrande au divin monument ;
Et fifres et tambours, musettes ingénues
Se font entendre encor lorsque les têtes nues
Reparaissent plus loin et montent au portail.

L'église, dont reluit vaguement le vitrail,
Est voilée à demi par les branches difformes
Et sous l'ombrage épais et noir d'un massif d'ormes.
Ces arbres, que les vents de mer ont contournés,
Semblent tendre des bras aux groupes prosternés
Qui cherchent leur abri propice à la prière.
C'est un lambeau de nuit dans l'immense lumière,

D'où, s'élançant au ciel calme qui la bénit,
Émerge en plein soleil la flèche de granit.

Autour de ce massif court un long mur d'enceinte
Très bas, ne cachant pas l'image de la sainte
Aïeule de Jésus, qu'en ces lieux on élut
Patronne, sous le nom d'Anne de la Palud.
Devant l'église, il laisse une assez large place
Aux fidèles, tandis que derrière il l'enlace
De plus près, n'enfermant là qu'un sombre couloir
Où la pierre verdit et se tache de noir.
En ce jour de pardon, c'est un cloaque immonde
Où grouillent, dans un tas couvert de hideur blonde
Ces monstres grimaçants à genoux, étendus
Ou debout, au terrain argileux confondus,
Qui machinalement branlent des fronts arides
Où le vice brutal creuse d'infâmes rides ;
Sordides, inouïs de forme et de couleur,
Étalant çà et là, dans le blême pâleur,
Un membre violet et son ulcère rouge ;
Fouillis ignoble, infect, où tout se gratte et bouge.
De là part le concert des lamentables voix,
Et l'horrible saisit tous les sens à la fois ;
C'est l'épouvantement effaré qui fascine.
Jésus croirait revoir les bords de la piscine,
Lorsqu'à Jésusalem, au milieu des Hébreux,
Ses doigts divins touchaient l'aveugle et le lépreux.
C'est la même fureur de cris que rien ne lasse,
C'est le même haillon sur la même paillasse.
Des tissus innommés, des lambeaux inconnus
Drapent piteusement des torses demi-nus,
Injuriant le jour honteux. Ces chairs infâmes
Appartiennent parfois, ô pudeur ! à des femmes.
Et le cœur défaillant se lève de dégoût.

Sur un grabat puant qui traîne dans l'égout,
(L'art peut-il s'abaisser jusqu'à l'ignominie!)
Avec quel naturel ils râlent l'agonie,
Ces enfants à l'œil cave et dont le front flétri
Disparaît à moitié sous un bandeau pourri!
Est-ce un homme, là-bas, qui hurle avec emphase
Et dans un rythme égal toujours la même phrase,
Et qui, dans un burlesque et tragique maintien,
Fait trembler dans le foin ses tibias de chien,
Tandis qu'avec fureur il agite ses hanches?
Ramassé sur lui-même, un autre entre des planches,
Dans une caisse étroite et longue de trois pieds,
Ne fait plus qu'un paquet de ses membres ployés,
Et son museau plaintif idiotement beugle.
O dégradation! Cependant un aveugle
Vers l'immonde réduit s'avance d'un pas lent;
Il arrive, il tâtonne, et puis, s'agenouillant,
Il entonne son chant d'une voix haute et claire.
Au milieu de ce monde abject, patibulaire,
Et qui ferait paraître un Callot trop réel,
Il semble détaché d'un mur de Raphaël.
Le soleil a longtemps mordu sa face pâle
Et bruni ses grands traits aux chaleurs de son hâle.
Sa large lèvre s'ouvre et tremble de ferveur,
Et, comme si ses cris appelaient le Sauveur,
Le spectateur ému se transporte en idée
Sur les bords du Jourdain, dans les champs de Judée.
Oui, véritablement Jésus connut ce gueux.
Il tend le bras, se plie et se dresse fougueux;
Dans sa nuit éternelle un éclair l'électrise,
Et son front s'illumine, et sur sa veste grise
Flottent des cheveux longs et plus noirs qu'un corbeau.
Certes, ce mendiant est consolant et beau;
Qui sait si notre ciel n'est pas terne et livide

A côté des clartés qu'entrevoit son œil vide.

Lorsque les pèlerins accourus au pardon
Aux pieds vénérés d'Anne ont déposé leur don,
Et prié longuement à genoux sur la dalle,
Quittant l'église, allant à travers le dédale
Que font les carrefours bizarres, variés,
De deux cents pavillons au hasard déployés,
Ils conduisent leurs pas vers la sainte fontaine.
C'est un monument simple et de date incertaine,
En tout temps visité par un nombreux concours
D'infirmes implorant son tout puissant secours,
Et buvant, pleins de foi, ses eaux miraculeuses ;
Et c'est pour attester ses cures merveilleuses,
Que l'église s'emplit tous les jours d'ex-voto.

Construite sur le bord de l'aride plateau,
Elle épanche son eau qui serpente, s'égare,
Se repose plus bas, dormant dans une mare,
Et puis s'écoule enfin en un étroit ruisseau.
L'amer cresson, l'iris, la menthe et le roseau,
Familièrement, sous les yeux de sainte Anne,
Trempent dans son limon leur racine profane.
Des femmes, écartant leur raide vêtement,
Répandent à plein bol, audacieusement,
Donnant de leur foi vive une preuve éclatante,
Le liquide glacé sur leur chair haletante ;
D'autres, pieusement, en priant font le tour
De la fontaine, et vont, touchant gage d'amour,
Porter un long baiser sur la bouche grossière
De la sainte sculptée en sa niche de pierre.

Or, tandis que Pont-Croix vient de quitter l'autel,
Sur la haute falaise apparaît Plougastel.

Son long profil mouvant ondule sur le vide,
Agitant dans l'air bleu, d'une fraîcheur humide,
Essaim de papillons ou de vivantes fleurs,
L'ensemble éblouissant de ses vives couleurs
Où l'ardent vermillon, de sa teinte si chaude,
Auprès des violets va heurter l'émeraude,
Où le jaune-citron, l'orangé, l'incarnat,
Le lilas, l'outremer, l'azur et le grenat,
Tous les tons violents, toutes les notes franches
Éclatent au milieu des grandes masses blanches.
A leur mâle rudesse ils joignent, ces pêcheurs,
Tout un printemps joyeux de brillantes fraîcheurs.
En sueur, fatigué, leur cortège s'approche
De la lande et descend l'escarpement de roche.
Ils sont venus pieds nus, foulant le sable amer,
Suivant la plage blonde aux heures où la mer
Loin des bords délaissés roule ses lames bleues.
Or, Plougastel est loin : ils ont fait quinze lieues.
Et cependant leurs pas sont solides et sûrs,
Et c'est résolûment qu'ils enjambent les murs
Qui, partout, divisant par carrés la campagne,
Font un vaste échiquier de toute la Bretagne.
Voici la lande sainte : ils tombent à genoux ;
Ils découvrent leur tête aux épais cheveux roux,
Gris ou noirs ; sous le bras tenant leur bonnet rouge
Qui, sous l'effort du vent, sans cesse flotte et bouge,
Ils récitent tout bas quelque pieux verset.
Les femmes, inclinant leur front vers le corset,
Serrant leurs beaux enfants aux béguins de peluche,
Redressent leur coiffure en huppe de perruche.
Leurs doigts, habitués à tourner le fuseau,
Tiennent un long bâton d'érable ou de roseau.
Avec leurs vêtements dont la blancheur éclate,
Leurs reins étroits, qu'entoure une écharpe écarlate,

Leurs bonnets empruntés aux vieux Napolitains,
Leurs traits accentués, bruns, fermes et hautains,
Leur dos large et puissant, leurs grandes attitudes,
Ces pêcheurs font rêver aux chaudes latitudes
Où l'homme, sous les feux d'un éternel été,
Errant dans le soleil et dans la liberté,
Conserve en sa splendeur sa noblesse native.

Mais tout à coup, voici qu'à la foule attentive
Dont les yeux sont tournés vers le temple ogival,
La cloche de nouveau jette son clair signal.
Chaque groupe s'ébranle à l'appel de la Sainte;
Tous vont, silencieux, à pas lents vers l'enceinte.
C'est la prière, et puis c'est la procession;
Tous les cœurs sont saisis d'ardente émotion.

IV

Vous revivez, parfums de la simple croyance,
Rayons miraculeux, séraphiques essaims
Ouvrant des ailes d'or, planant auprès des saints,
Vierges peuplant l'éden de la première enfance!

O doux printemps du cœur tout à coup renaissant!
Que n'es-tu là, Memling, l'illuminé de Bruge?
Quand ton âme éclairait le cloître, ton refuge,
Elle n'entrevit rien qui fût plus ravissant.

Memling, c'est jusqu'à toi que mon esprit recule :
Voici ton Jean, ta Marthe et ton blanc paradis,
Et tes vieillards pensifs aux doigts longs et raidis :
Ici respire encor ton idéale Ursule.

L'éblouissante enceinte est comme un champ de fleurs,
Bleu, jaune, rouge et noir, constellé de paillettes ;
Les coiffes s'inclinant sont de fraîches œillettes
Qui mêlent leur tendresse aux puissantes couleurs.

Éclatantes ardeurs près des blancheurs d'hostie,
Idéal ineffable, incolore ou vibrant,
Ascétique pâleur d'un zèle dévorant,
Extase, volupté des élus pressentie !

Attachantes laideurs, grêles difformités
D'où semble s'échapper comme une flamme pure,
Hennins brodés d'argent, humbles robes de bure,
Béguins sous les bonnets avec grâce ajustés,

Rubans souples, paillons, tulles, blondes légères,
Gorgerins émaillés, chanvre, soie et velours,
Mantes aux larges plis, mitres aux fiers contours,
Ceintures de brocart, coiffes des monastères,

Longs tabliers fleuris, jupons rayés d'argent,
Draps rouges sous les blancs faisant des tons d'aurore,
Corsages allongés d'où vous montez encore,
Cols frêles aux croix d'or de la fraise émergeant,

Tout est là ! vieil Holbein, ces femmes sont tes vierges,
Et les vôtres aussi, barbares artisans,
Par qui le bois taillé pour de lourds paysans
Se transfigure encore au feu tremblant des cierges.

Et les groupes pieux vers la Divinité,
Dans un muet concert exhalent leur prière,
Et la ferveur planant sur l'assemblée entière
Met sur ces fronts divers sa céleste unité.

    Frêle, d'une pâleur de cire,
    Un ange ouvre un œil noir, rêveur;
    Sa coiffe qu'une épingle étire
    L'enveloppe de sa blancheur,
    Et le linge léger qui bouge
    Laisse voir l'ardent bandeau rouge
    Entourant son front ravissant;
    C'est, sur un lys éblouissant,
    Comme une sanglante nervure;
    Elle a dans sa petite main
    Un gros paroissien romain;
    Je l'ai vue en miniature
    Sur un antique parchemin.

    Et, plus loin, cette fille étrange
    Aux yeux clairs, au front imposant,
    On la dirait par Michel-Ange
    Pétrie en un marbre puissant;
    Beauté superbe et sans culture,
    Farouche enfant de la nature,
    D'où te vient cette fauve ardeur,
    Cet air sacré, cette verdeur,
    Ce charme immense en ta rudesse?
    Sous ta croix, en vain tu voudrais,
    Muette vierge des forêts,
    Cacher ton sang de druidesse :
    Le vieux dolmen dit tes secrets.

Des hommes prosternés sont le long de l'église,
Le front dans les deux mains, immobiles, sans voix;
Le corps raide, à genoux, d'autres, les bras en croix,
Ont appuyé leur front à la muraille grise.

Comme un concert d'en haut, dans les arbres, frémit
L'orgue saint traversant les murs épais du temple,
Et, le regard levé, cherchant le ciel, contemple
Au clocher la gargouille horrible qui gémit;

L'évêque de granit qui bénit de sa crosse,
Ou les pigeons d'azur qui volent indolents;
Puis, s'abaissant, il voit, sur leurs genoux sanglants,
Des femmes se traîner dans leur ferveur féroce,

Le soleil brille encor, mais le ciel s'est couvert.
Sous les nuages noirs de vigoureuses ombres
S'allongent; des éclairs heurtent de grands trous sombres,
Les arbres aigrement exaspèrent leur vert.

Tout à coup le tambour retentit dans l'église;
Subitement la cloche agite son battant;
Toute la foule alors se lève au même instant,
Ainsi que font les blés lorsqu'a passé la brise.

Les coiffes, les rubans de fleurs d'argent semés
Se serrent, ménageant un passage au cortège.
O blancheur! ce n'est plus qu'un vaste champ de neige,
Où les cierges ardents vibrent, tous allumés.

Les nuages, au ciel, ont étendu leurs voiles.
L'ombre sévère épand son calme et sa fraîcheur;
Un mystère idéal adoucit la blancheur;
Dans les groupes émus scintillent des étoiles.

Des visages d'élus flottent mystiquement
Dans une onde enflammée : ineffable poème
Qui fait croire que Dieu, dans son amour suprême,
Sur son humble troupeau verse le firmament.

Dans l'immense blancheur où par endroits un rouge
Saigne, s'est apaisé jusqu'au moindre remous :
Hors l'effluve aux légers tourbillonnements roux
Et les feux crépitants des cierges, rien ne bouge.

Le fifre dans la nef jette des sons stridents,
Et le silence, ici, gagne jusqu'à la lèvre
Qui prie ; et tous les yeux ont l'éclat de la fièvre,
Et vers le porche, tous, ils se tournent, ardents.

v

La cloche de nouveau plaintivement résonne ;
Puis à la foule qui d'un saint effroi frissonne,
Apparaît tout d'abord comme un épouvantail
Le premier étendard s'abaissant au portail :
Il est barbare, étrange en sa laideur sauvage ;
L'aïeul qui l'a connu ne savait pas son âge.
Sur son velours pelé qui jadis était noir,
S'étire un grand Christ blanc, squelette horrible à voir,
Dont la tête de mort affreusement grimace.
Autour du Dieu sanglant et farouche s'enlace
Une riche guirlande aux fleurs d'or et d'argent,
Et ce luxe le rend encor plus affligeant,

Car il montre, poussé jusqu'à son paroxysme,
Le mépris de la chair du vieux catholicisme.
De pesants étendards suivent. Le cintre est bas
Et veut qu'on les incline. Il faut de rudes bras
Pour les tenir ainsi penchés dans l'air qui vibre.
Par un vaillant effort conservant l'équilibre,
Chaque porteur déploie un hardi mouvement :
On croit qu'il va tomber ; il chancelle un moment,
Et son corps contracté se renverse en arrière ;
Il court et brusquement relève la bannière.
Puis marche un peloton de dévots pénitents
Au front pâle, amaigris, dont les yeux repentants
Laissent étinceler le feu qui les consume.
La ferveur, chez les uns, se rêvet d'amertume
Et chez les autres prend un saint rayonnement.
Des groupes vont, pieds nus, n'ayant pour vêtement
Qu'un large bragou-braz, une grosse chemise
Et leurs cheveux flottants qu'entremêle la brise.
Le fanatisme en proie à l'âcre repentir
Frémit sous l'attitude et les traits d'un martyr ;
Près de la foi farouche une extatique ivresse
S'élève dans un chant de céleste allégresse ;
Parfois, comme jadis dans les auto-da-fé,
Trébuchent, un sanglot dans la gorge étouffé
Par un spasme qui fait pendre et trembler leur lèvre,
Des cadavres vivants que soutiennent la fièvre
Et la peur de l'enfer ; dans leurs yeux de vieillard,
Une braise s'éteint dans un terne brouillard.
Ils vont, branlant des fronts si mornes, si livides,
Qu'on croit que c'est le jour qui blêmit. Dans les vides
Les flambeaux rayonnants éparpillent leurs feux.
Le flot s'écoule encor ; les tambours belliqueux
Et le fifre criard dans les airs retentissent,
Tandis qu'avec fureur les trois cloches bondissent ;

Car la Bretagne mêle, en ses pieux élans,
Les hymnes du Seigneur et les cris des chouans.
Il défile longtemps cet austère cortège
Dont le sombre ruban contraste avec la neige
Que les coiffes sans nombre étendent alentour ;
Et le fauve chouan, au type de vautour,
Détache son profil, aux ténébreuses teintes,
Sur ce fond inouï, fait de blancheurs éteintes
Et de feux étoilés qu'on croit tombés du ciel,
Et plus d'un ange pur, presque immatériel,
Mêle son front charmant, dans le groupe des vierges,
Aux constellations de ces flammes de cierges.

Le peuple ayant suivi le clergé, seuls, les gueux
Demeurés dans l'enclos se livrent à leurs jeux.
C'est alors que s'ébat tout cet horrible monde.
Le haillon retombé couvre la plaie immonde.
Ils grouillent confondant leurs rires détendus ;
Le public est plus loin, les cris seraient perdus.
L'homme aux pattes de chien, qui grelottait naguère,
Par ses lazzis égaie un convulsionnaire,
Et les enfants mourants ont quitté leurs grabats ;
Leurs fronts encor bandés, ils prennent leurs ébats :
Ces singes dont les dents claquaient si bien la fièvre
Ont repris, tout à coup, l'agilité du lièvre.
Un aveugle, plus loin, qui compte son argent,
Jette sur sa sébile un œil fort diligent ;
Et le paquet humain, qui, d'une caisse étroite,
Poussait de si grands cris, est sorti de sa boîte ;
Grandissant, tout à coup, de taille et d'impudeur,
Il s'étale au grand jour dans toute sa hideur.

Mais la procession, par la dune sauvage,
En sa noble lenteur, marchant vers le rivage,

Sur le fond infini de l'espace azuré,
Déroule longuement son ruban diapré,
Et tandis que la mer roule, se lève et lutte,
Que sa lame se dresse et retombe en volute,
Secouant, au milieu des accords assourdis,
Les perles et les ors de son frais paradis,
Le cortège plus sombre oppose ses ténèbres
Aux éblouissements ; et les tambours funèbres,
Le fifre exaspéré, les longs roulements sourds
Et les sons suraigus, frappant les rochers lourds,
Éveillent des échos sublimement étranges,
Hurlements de damnés heurtant le cœur des anges.
La rafale marine éparpille en sanglots
Les chants sacrés qui vont se briser sur les flots ;
Et le croyant qu'égare un vertige mystique,
Dans la voix de la mer pense entendre un cantique ;
Et le vent ne sait pas s'il emporte au désert
Le bruit de l'Océan ou le pieux concert.
Est-ce l'oiseau divin qui voltige en silence
Ou bien le goëland que la brise balance ?
L'haleine de l'encens, dans le brouillard amer,
Mêle un parfum céleste aux senteurs de la mer,
Unissant sa blancheur idéale qui fume
A la blancheur sauvage et vierge de l'écume.
L'âme humaine se livre à l'extase, et le Dieu
Passe tranquillement sur l'abime du bleu.

Mais, au portail, la foule enfiévrée et crédule
Laisse éclater l'ardeur farouche qui la brûle.
Chacun bondit dans un élan désespéré
Pour entrer le premier sous le porche sacré.
Poussé par l'ouragan des ferveurs frénétiques,
Un flot vertigineux de têtes ascétiques
Aux sourcils tourmentés, blêmes, les yeux hagards,

Se précipite au seuil; tandis que deux grands gars,
Aux côtés du portail, solides comme Hercule,
Étouffant sous l'effort du flot qui les accule,
Résistent cependant en s'arc-boutant au mur;
Et fermes, sous l'ogive, élèvent d'un bras sûr,
Au-dessus de ce peuple en délire qui passe,
Comme pour le bénir, la vénérable châsse
Qui, pour braver l'ardent toucher de mille mains,
Prête à ces vaillants gars des muscles surhumains.

VI

Par les vents de la mer balayés, les nuages
Se traînent au lointain sur d'autres paysages;
Le soir limpide et clair, ouvrant tout son trésor,
Épanche ici partout ses avalanches d'or.
Les pèlerins muets errent parmi les dunes,
Opposant, çà et là, taches noires ou brunes,
Au sable éblouissant leurs groupes dispersés.
Léger voile flottant sur les rocs hérissés,
S'élevant de la mer, une buée humide,
Monte veiner le pâle azur, marbre fluide:
Le soleil éclatant de ses plus rouges feux,
Y plonge lentement son disque lumineux,
Œil de flamme qu'entoure une sanglante brume.
Après avoir jeté, dans les flocons d'écume,
A la crête des flots, qu'il revêt de corail,
Comme un dernier regard empourpré de vitrail,

Il s'éteint. Mais bientôt le brouillard s'accumule,
Et tandis que la mer, dans le blond crépuscule,
Exhale son plaintif et sourd gémissement,
Que l'étoile déjà scintille doucement,
Qu'encor les goëlands se mouillent à l'ondée
Des lames déferlant sur la plage ridée,
Dans le rayonnement suprême où meurt le jour,
Le camp sur le ciel gris trace un vague contour.
L'effet est ravissant. Toutes les tentes fument :
Des groupes noirs auprès des foyers qui s'allument
Se meuvent comme autour de vrais soleils couchants,
Et dans l'air rafraîchi s'entre-croisent des chants.
Des collines, au loin, nouvellement sortie,
La lune monte au ciel comme une blanche hostie ;
Dans les tentes alors les groupes vont s'asseoir,
Les femmes ont servi l'humble repas du soir,
Et rempli jusqu'aux bords les écuelles d'argile ;
Et de hardis enfants, dans un transport agile,
Au-dessus des foyers, un éclair dans les yeux,
Sautent, trouant la flamme avec des bonds joyeux.
Plus loin un vieillard dit une antique légende.
Aux dernières lueurs qui tremblent sur la lande ;
Jetant des sons vibrants, ravissant à la fois
Les yeux par sa beauté, l'oreille par sa voix,
Ici, le galbe empreint d'une grâce touchante
Dans un groupe attentif une fillette chante :

> « Un petit sentier conduit du manoir,
> Du manoir antique à notre village,
> Un sentier tout blanc. Au bord un peut voir
> Un petit buisson d'épine sauvage,
> Un buisson charmant, au tendre feuillage
> Et couvert de fleurs que désire avoir
>   L'enfant du vieux manoir.

« Ah! si j'étais fleur d'aubépine,
Sa main blanche me cueillerait
Et sur son cœur me poserait
Sa petite main blanche et fine
Comme la fleur de l'aubépine.

« Quand le froid hiver entre à la maison,
Il va loin de nous avec l'hirondelle,
Il part quand se tait la douce chanson.
Il va vers la France... et revient fidèle
Sitôt que renaît la belle saison,
    Qu'on chante à la maison.

« Quand chantent les douces fauvettes,
Petits linots et gais pinsons,
On voit venir à nos pardons
Le bel enfant avec les fêtes;
Que j'aime linots et fauvettes!

« Chez nous je voudrais ne voir que beaux jours,
Que fêtes, que fleurs au long de l'année;
Et que voltiger, par ici, toujours,
Voltiger au soir, dans la matinée,
L'hirondelle au bout de ma cheminée;
Ah! que je voudrais dans les alentours,
    La voir, la voir toujours*! »

---

* Ces couplets sont imités d'une chanson bretonne: *Les Hirondelles.*

VII

Le camp sur chaque tente a refermé ses toiles,
Puis il s'est endormi sous des milliers d'étoiles.
L'œil cherche à deviner ses contours incertains ;
Depuis longtemps déjà les foyers sont éteints.
Une brise soufflant des landes embaumées
Eut bientôt dissipé le reste des fumées
Qu'un instant on a vu, tourbillonnant dans l'air,
S'accrocher aux buissons, s'abattre sur la mer.
Maintenant tout repose. Au milieu du silence,
De la côte pourtant une rumeur s'élance,
A temps égaux, lugubre et sublime à la fois :
L'Océan veille encore, et c'est sa grande voix.

Mais, insensiblement, sur la calme vallée
S'étend une blancheur en nappe déroulée,
Inégale et qui semble une immense toison ;
Et faiblement, alors, sur le frais horizon
Où tremble, encor douteuse, une lueur d'opale,
La tour de Locronan blanchit à l'aube pâle.
Puis bientôt dans le jour indécis, vaguement,
Sur un des points du camp s'indique un mouvement ;
Secouant le sommeil, la vie y recommence.
Divin réveil ! Voilà que lent, grave, en cadence,
Avec ses deux cents voix, un chant religieux
Emplit tout le désert d'accords harmonieux.

L'aube aux pieux rayons monte, et sur la bruyère
Plougastel à genoux exhale sa prière.
Oui, ce sont ses enfants, ses nobles matelots.
L'Éternel les bénit, car allumant les flots,
Le soleil qui se lève en une gloire immense
Baigne ces pauvres gens de sa magnificence.

JEANNE

L'ALOUETTE

I

FRÊLE oiseau qui chantas, dès la première Aurore,
Du paradis naissant l'universel hymen,
Combien est doux, pour ceux que l'amour pur dévore,
Ton hymne harmonieux dont le timbre sonore
Vibre, encor frémissant des ardeurs de l'Éden!

II

Avec quelle fureur et quels battements d'ailes,
Plus haut, toujours plus haut, par l'éther azuré,
Dans ton vol palpitant, Alouette fidèle,
Tu jettes jusqu'au ciel ta chaude ritournelle
Et l'ivresse sans fin d'un chant exaspéré!

III

*Tu chantes le Soleil, ses feux que rien n'altère
Et l'Amour embrasant l'Époux primordial;
Ta chantes le Soleil amoureux de la Terre,
Quand ses rayons divins pénètrent le mystère
De l'Épouse qu'embrune un voile nuptial.*

IV

*Tu vas dire à l'Azur, messagère amoureuse,
Tout le ravissement du baiser matinal,
Soit que, gonflant son sein robuste, mère heureuse,
La Terre ait vu rougir l'Automne plantureuse,
Ou bien qu'elle tressaille au tendre Germinal.*

V

*Et, jaloux de ta gloire, ardente enchanteresse,
Je veux chanter l'Artois et l'Orient vermeil;
Je dirai les transports, les pleurs et l'allégresse
D'une fille sauvage et que l'amour oppresse,
Fleur de hasard éclose aux baisers du Soleil.*

VI

*Mais, le jour où nos chants humains au souffle grêle
Auront vu leurs refrains, joyeux ou solennels,
Par le Temps dispersés, s'éteindre pêle-mêle,
Dans l'éternelle Aurore, Alouette, oiseau frêle,
Ils vibreront encor, tes hymnes éternels !*

LA PETITE FERME

C'est l'Artois, doux pays; une plaine; un village
Et son canal sous bois, son chemin de halage,
Ses bateaux longs et bruns qui sentent le goudron
Et qui glissent, poussés par le lent aviron,
Si paresseusement qu'ils laissent moins de moire
Sur l'eau que le ramier d'azur qui vient y boire;
Des oiseaux et des fleurs parmi les bois épais
Endormis dans la brume et la sereine paix;
Des trembles frémissants sur cette onde indolente
Qui baigne, à fleur de terre, un gazon plein de menthe
Et doucement se traîne à l'ombre, sans un pli :
Voilà tout. Loin du monde, un monotone oubli,
Sous les saules en pleurs, sur le velours des mousses,
S'y mêle au cordial parfum des jeunes pousses.

Au bout d'un chemin vert d'ortie et de plantains
Qui conduit vers la rue à travers les jardins,
Sur le bord du village, une humble métairie,
Dans un petit enclos, s'ouvrait sur sa prairie.

Le toit de la maison commençait à ployer
Sous l'âge et s'abritait à l'ombre d'un noyer
Avec son chaume noir tout fleuri d'herbe grasse.
Ce logis, revêtant je ne sais quelle grâce,
Quel charme d'innocence et de simplicité,
Exhalait un air pur d'honnête pauvreté.

Près d'une mare brune, au pied rougi d'un aune,
Le tournesol ouvrait sa grande étoile jaune,
Astre mélancolique au doux rayonnement.
Le paysan, toujours, aimera tendrement
Ce soleil de la glèbe, esclave de la terre,
Qui, fidèle, poursuit d'un regard de mystère,
A travers l'infinie et claire profondeur,
Le céleste Soleil, l'éternelle Splendeur.

Au milieu de l'enclos, dans un bourbier liquide,
Des canards, ces gloutons au gésier intrépide,
Dans la boue étouffaient leurs concerts nasillards,
Ou bien, ouvrant le bec, dressant leurs cous braillards,
Se dandinaient, trottant et vibrant de la queue.

Sous l'aune et le noyer, comme une cendre bleue,
Un limpide reflet de ciel pur ondoyait,
Et la paille entassée au soleil flamboyait.
Parfois, entr'ouvrant l'huis, sortait la vieille Angèle.
La bonne femme allait jusqu'au puits. La margelle,
Faite d'un grès toujours humide, froid et gris,
Soutenait un instant ses coudes amaigris,

Et la vieille semblait rêver dans le silence,
L'œil sur le câble noir où le seau se balance,
Et qui glissait bientôt entre ses doigts noueux.
Puis, élevant la jambe au lourd sabot boueux,
Elle penchait son front ridé sur la citerne,
Et la poulie alors criait. Dans un bruit terne,
Le seau heurtait l'eau sombre où se noircit l'azur,
Angèle, s'appuyant de ses genoux au mur,
Le retirait, les poings cramponnés à la corde,
Et partait, lentement, avec l'eau qui déborde,
S'inclinant de côté, le bras horizontal.
Sur ses pas ruisselaient des gouttes de cristal,
Un rayon entourait d'un fil d'or sa chemise,
Allumant sur sa tête une flammèche grise
De ses rares cheveux qui sortaient du bonnet.
Elle allait arroser son humble jardinet
Où verdissaient, parmi les groseilliers malades,
Les poireaux, et l'oseille, et les fraîches salades.

Et puis elle rentrait dans le sombre fournil.
Là, devant les chenets, se montrait de profil,
Dès qu'elle ouvrait la porte, un vieillard sans parole,
Fantôme décharné que son mutisme isole,
Et que la faux du Temps semble avoir oublié.
Le menton sur le sein, le corps roide et plié,
Tout le jour, il restait, là, dans la même pose,
Inerte, morne comme une insensible chose,
Les sabots dans la cendre et les mains aux genoux,
Sans que le moindre éclair de joie ou de courroux,
Un instant, réveillât sa pauvre âme endormie ;
Plus brun, plus desséché qu'une antique momie :
Il était le plus vieux de tous les habitants
Du village. On disait : — Il a plus de cent ans ! —
C'est le père d'Angèle. Elle-même est aïeule.

La voici qui revient dans la cour, triste et seule.
Son petit-fils travaille aux briques, à Vimy :
Son Bruno, beau garçon de dix-neuf ans, l'ami
De Jeanne qui longtemps l'avait nommé son frère,
Ignorant qu'elle fût d'une souche étrangère.
Partie au petit jour, sitôt que l'aube eut lui,
Toute heureuse, ce soir, Jeanne est auprès de lui.
Sauvage oiseau perdu, qui, loin de la couvée,
Chante au manoir d'Angèle, elle est, enfant trouvée,
Venue à ce foyer, frêle épave d'amour,
Au roulis du hasard échouer un beau jour.

C'est l'heure où, lentement, le soir gagne la grange.
Une ombre de velours monte au chaume que frange
Une crête de flamme, un suprême foyer
Qui, s'attardant plus haut, au faîte du noyer,
Baigne les verts rameaux de sa teinte vermeille :
Sombre, dernier regard de l'Astre qui sommeille ;
En bas, les murs de brique, aux fraîcheurs des reflets
Tombant du bleu Zénith, sont froids et violets.
La vieille, dans la cour, est gravement assise
Auprès de son rouet à la quenouille grise
Dont elle tord les fils de ses doigts engourdis.
Le crépuscule met sur ses traits refroidis
L'unité d'un vieux marbre et l'auguste mystère
Qui simplifie et rend la forme plus austère.
Son œil plonge, immobile, aux temps qui ne sont plus.
Au clocher, tout à coup, tinte un clair Angélus :
L'aïeule, s'inclinant, abaisse sa paupière
Et des lèvres murmure une lente prière,
Puis reprend son rouet ; mais toujours ses esprits,
Entraînés dans le vol des songes favoris,
Errent au loin. La nuit déjà répand sa brume ;
Une étoile nouvelle à chaque instant s'allume ;

Le oiseaux sont gîtés, parmi les rameaux noirs,
Sur l'aune et le noyer, et, du fond des manoirs,
Parfois s'élève encore une rumeur confuse :
L'heure est sereine et douce. Angèle se refuse
A quitter son vieux banc, et, sur le pan de mur,
Longtemps, se détachant comme un fantôme obscur
Dont l'étrange bonnet blanchit encor dans l'ombre,
Elle restera là, berçant son rêve sombre
Au ronflement dormeur du rouet dont le bruit
Monotone, longtemps, va frémir dans la nuit.

II

LE CORBEAU

Quel était ce passé dont la vieille fileuse
Entretenait encor son âme nébuleuse,
Et d'où vient que le cœur se sentait attendri,
Tout d'abord, à l'aspect de ce tranquille abri
Qui dormait doucement dans une paix profonde?
En ce pauvre logis revivait tout un monde :
Une longue existence empreinte sur les murs,
Les travaux, les plaisirs et les chagrins obscurs,
Les combats qu'avait vus le noyer pacifique,
S'y devinaient, ainsi qu'en un miroir rustique,
Redits par le vieux seuil, par les planches de l'huis,
Par la fenêtre et par la margelle du puits.

Ce logis avait vu, dans son printemps, Angèle,
Que le givre de l'âge aujourd'hui ploie et gèle,
Sur le carreau bien rouge et qui ne branlait pas,
Chancelante, essayer timidement ses pas;

Tandis que, douces fleurs écloses à la vie,
Elle ouvrait ses grands yeux et sa bouche ravie
Et riait à sa mère à présent devant Dieu,
Alors que, revenant des marchés du chef-lieu,
Celle-ci déposait son argent sur la table.
En ces jours plus heureux, cette muette étable
Retentissait d'un long et tendre beuglement ;
Car on avait été presque riche, un moment,
Au temps où l'on mangeait la viande le dimanche
Et le soir, au goûter, de la galette blanche.
Il avait vu la vache au pelage foncé
Traverser cette cour, le mufle retroussé,
Lorsqu'elle revenait des herbeuses prairies
Et que la blonde enfant aux pommettes fleuries,
Tout machinalement et l'œil je ne sais où,
Suivait la bête lente et qui tendait le cou.
Il avait vu le père, au jour de la naissance
D'Angèle, pour marquer une ère qui commence,
Pieusement planter le noyer que voilà.

Lorsqu'Angèle vieillit, que son ciel se voila,
Quand vinrent les temps durs, les chagrins, les alarmes,
Que de fois, à travers l'amertume des larmes,
Ce logis lui montrait le bonheur d'autrefois
Comme un pâle sourire, ou comme, au fond des bois,
Un blanc rayon du ciel traversant un orage
Et qui, dans un tremblant et transparent mirage,
Irise les buissons tout ruisselants de pleurs !
Angèle retrouvait, parmi les mêmes fleurs,
Des fragments de jouets et des lambeaux de robes :
Souvenirs qu'à la ville, ô Temps, tu nous dérobes,
Et qui, le soir, ici, réveillant le matin,
Donnent à nos vieillards un sourire enfantin.

Ce sourire, jamais, n'éveillait son vieux père.
Il avait cependant eu son heure prospère ;
Jadis il cultivait, parfois était fraudeur,
Honnêtement. — Ce temps d'innocente candeur,
A peine délivré des tailles et des dîmes,
Ayant encore au cœur des révoltes intimes,
N'avait point en mépris ce dangereux état,
Trouvant tout naturel qu'on pût voler l'État.
Il fournissait le maire et le maître d'école
Et jusqu'au président du comice agricole.
Intelligent d'ailleurs et nullement lourdaud,
Il possédait l'intime amitié du bedeau
Et, pour l'aimer, avait une raison secrète,
Car, lorsque la douane était trop indiscrète,
L'homme pieux cachait, charitable mortel,
Tout le tabac fraudé sous le bois de l'autel.

Angèle revoyait les anciennes veillées
Au coin de l'âtre, où, sur des chaises rempaillées,
Ses compagnes venaient filer, coudre ou causer
Des choses de chacun, et comment, sans oser
S'y présenter, Étienne errait au voisinage,
Là, vaguant tous les soirs, et comment son visage
Se dessinait parfois aux vitres du pignon,
Et comment, quoiqu'il fût un joyeux compagnon,
Lui robuste, il devint bientôt malade et grêle :
Comment il rougissait, tremblant au nom d'Angèle,
Et, quand il fut admis, comment, au long d'un soir,
Il ne bougeait pas plus qu'un saint de reposoir,
Muet comme un pilier de l'humble cheminée.

Elle se rappelait cette belle journée
Où, sous le faix du linge, allant vers le lavoir,
Elle sentit qu'Étienne était là, sans le voir,

Qu'il la suivait. Si bien que, soudain, interdite,
— Sans doute alors son cœur troublé battait plus vite —
Elle avait assoupli, puis ralenti son pas.
Or, le brave garçon, qui ne s'y trompait pas,
S'enhardit, marcha vite et fut bientôt près d'elle.
On parla du temps chaud, du vol de l'hirondelle
Qui rasait la rivière... et c'était signe d'eau.
Puis Étienne s'offrit à porter le fardeau.
On résistait; il fit alors cette prière:
« Dieu, faites qu'elle glisse et tombe à la rivière! »
— « Pourquoi? » dit la fillette. — « Eh bien, pour te sauver! »
On allait, désirant ne jamais arriver.....

Fatalement il faut qu'un jour l'amour vous tienne,
O filles! C'est pourquoi, le soir, ce fut Étienne
Qui, plus fier qu'un héros, rapporta le baquet.
Angèle allait pensive, au corsage un bouquet
De cette douce fleur qui boit l'azur de l'onde.
Bientôt les noms d'Étienne et d'Angèle la blonde
Furent lus au grand jour, conformément aux lois,
Sous un treillage et dans un vieux cadre de bois.

C'est surtout de ce temps, ô douce et triste Angèle,
Que tes ressouvenirs arrivent pêle-mêle,
Tout chargés de regrets, tels que, dans les déserts,
Les parfums que le vent souffle des pays verts.
Laissons-la s'égarer dans ses longues années
Où l'amour, de ses biens, comblant leurs destinées,
Faisait d'elle et d'Étienne un couple si joyeux,
Que, cinq lustres durant, les jeunes et les vieux
Disaient ne pas connaître un tel bonheur au monde;
Laissons-la, pour tromper sa blessure profonde,
Recueillir les débris des rêves de son cœur,
Épaves qui n'ont plus, tant le sort est moqueur,

Pour seule floraison, que des algues amères,
Ces suprêmes jouets des humaines chimères ;
Ah ! qui ne pleure pas sur quelque Éden vermeil !
. . . .
Ils eurent un enfant, une fille. Au soleil,
Elle grandit ainsi que pousse un jeune tremble,
Tout naturellement, car un bonheur ressemble
A tout autre bonheur : les roses du jardin,
Qui boivent la rosée au soleil du matin,
N'ont rien pour empêcher que l'œil ne les confonde.
On ne remarquait point sa fraîche tête blonde,
Parmi les blonds enfants battant tous les midis
Le sonore pavé de leurs pas étourdis,
Lorsque leur bande libre émerge de l'école,
A flots pressés, jetant dans l'air sa clameur folle.
Mais, plus tard, quand la fille eut atteint ses seize ans,
Sa beauté resplendit aux yeux des paysans.
Le vieux contrebandier en pleurait de tendresse ;
Tous les gars subissaient sa grâce enchanteresse.
Mais ce fut toi surtout, ô Pierre, qui l'aimas,
Et, malgré les fureurs jalouses de Thomas
Riche et puissant fermier à l'âme abjecte et noire,
Tu fus le préféré. Tout fier de ta victoire,
Tu menas à l'autel le précieux trésor.
Ce fut par un beau jour et l'on en parle encor,
Et la rue éleva des arceaux de feuillage
Et par des coups de feu fêta le mariage,
Et la foule entoura le couple de ses flots.
La table fut dressée au milieu de l'enclos,
Car ils étaient nombreux au festin, les convives,
Et des rires bruyants et des dents très actives
Prolongèrent gaiment un solide repas.
Mais un hôte survint que l'on n'attendait pas.
Au moment où la joie éclatait tout entière,

Les gars se partageant la rose jarretière
Que le plus jeune avait dénouée au mollet
De la blonde épousée, et que chaque gilet
Allait se décorer de son galant insigne;
Tout à coup, sur la table, enfreignant la consigne,
Un petit être étrange et noir comme un démon
Fondit et, de ses pieds maculés de limon,
A la nappe imprima de bruns hiéroglyphes,
Mystérieuses croix que terminaient des griffes;
Et, tandis que le chien ne cessait d'aboyer,
Tout le monde leva les yeux vers le noyer:
Rien n'avait dérangé son feuillage immobile.
— Loin des banquets bruyants l'oiseau craintif s'exile.
Cependant d'où venait cet effronté Corbeau?
Apprivoisé par l'un des convives, l'oiseau
Qu'attirait un fumet flottant de victuaille
Avait d'abord sauté sur la basse muraille,
Et puis, flairant son maître, il s'était abattu
Au milieu du festin. Ce bizarre impromptu
Avait plongé ces gens joyeux dans le délire.
Effrayé par le bruit des grands éclats de rire,
Voyant tant de regards moqueurs le bafouer,
Le Corbeau, ne sachant à quel saint se vouer,
Voletant, çà et là, d'une aile avariée
Et par bonds affolés, gagnant la mariée,
Qui, douce, souriait de son œil étonné,
Sur sa tête posa ses griffes de damné.
Mais voici qu'aussitôt l'assistance tressaille:
Le vieux contrebandier s'est dressé dans sa taille;
Et tremblant, atterré, tout blême de pâleur:
« Qu'on chasse, hurle-t-il, cet oiseau de malheur! »
Puis il s'assit muet, et le croissant nocturne
Le vit encore errer songeur et taciturne.

III

LE PETIT BRUNO

D'ABORD tout souriait, tout semblait s'enchanter
Autour des beaux époux, qui vinrent habiter
Un logis attenant à la vieille chaumière
Dont rien n'avait troublé la gaité coutumière
Que ravivaient encor ces nouvelles amours.
D'un cours égal et doux, les jours suivaient les jours.
Jamais prospérité n'avait paru plus sûre.
Avant de pénétrer dans l'agreste masure,
A l'aspect de l'enclos, l'œil se sentait charmé.
Solide encor, l'aïeul que le temps a calmé,
N'étant plus poursuivi par le funeste augure,
Redevenu serein dans sa mâle figure,
Fraudait en plein soleil sans être inquiété.
Étienne et Pierre ont vu — que béni soit l'été ! —
Sur leur pré s'élever des monts de foin superbes,
Leur chariot ployer sous la lourdeur des gerbes,

Leur grange trop petite à la riche moisson,
Et Marie accoucher bientôt d'un gros garçon ;
Marie était le nom de la fille d'Étienne.
C'était bien le bonheur ! Pas un vœu qui n'obtienne
Une faveur rêvée, un gage d'avenir.

Angèle était grand'mère et croyait rajeunir.
Partout le paysan vieillit vite et s'étonne
De voir se prolonger ces verdeurs de l'automne
Sur des fronts que le temps semble avoir oubliés ;
Car sous l'âpre labeur ils sont bientôt ployés,
Ces rudes laboureurs amaigris dont les bustes
Marchaient, dans leurs vingt ans, si droits et si robustes.
Angèle éternisait un verdoyant printemps.
Son âme conservait, malgré ses quarante ans,
Une limpidité juvénile et candide ;
Et, si son doux visage accusait une ride,
Ce n'était pas un trait de sourire moqueur :
Cette ride était jeune et venait droit du cœur.
Son beau front rayonnait d'une lueur sacrée ;
Une ferveur mystique, et depuis tempérée
Par un terrestre amour, transfigurait encor
Ce front lisse et serein sous ses lourds cheveux d'or.
Et chacun, la voyant accorte et si fleurie,
Disait : « Est-ce la mère ou la sœur de Marie ? »
Car rien n'avait voilé le soleil de son cœur.
Extase, joie, amour, tout y chantait en chœur.
Ses lèvres n'avaient point touché la coupe amère.

Elle dormait encore au berceau, quand sa mère
Mourut, ne lui laissant qu'un vague souvenir
Dont elle s'abreuvait sans pouvoir définir
S'il était fait d'un charme ou bien d'une souffrance.
C'étaient, dans la clarté de divine espérance

Qui dora, tout d'abord, la chambre du manoir,
De confuses blancheurs, un œil humide et noir,
Un visage effacé, plus pâle que la cire,
Tristement animé par un tremblant sourire
De fleur tardive éclose au temps de la moisson
Et que déjà la faux effleure d'un frisson ;
Et puis c'était ce cri : « Souviens-toi, mon Angèle ! »
Mais la fatale main, qui brise et qui flagelle
La mère, n'émeut point, dans son frêle berceau,
Le jeune enfant qui rit au soleil. L'arbrisseau
Ne ressent pas les coups de la dure cognée.
Dans les voiles du temps, toujours plus éloignée,
Telle cette ombre errait, seule devant ses yeux,
Comme une faible brume au levant radieux.

Son amour maternel pour sa blonde Marie
Maintenant pâlissait devant l'idolâtrie,
L'orgueil tendre et pieux, le transport triomphant
Qu'éveillait en son cœur son cher petit enfant.
Jamais, lorsqu'à ses yeux, dans ses mystiques veilles,
Ses rêves, évoquant tant de pures merveilles,
Ouvraient les portes d'or du divin paradis,
Non, jamais chérubins plus frais, plus arrondis,
N'avaient pris en dormant de plus charmantes poses,
Ni levé, dans l'azur, de plus beaux talons roses.
Au réveil matinal et le soir au coucher,
Elle pouvait au moins des lèvres le toucher
Tout nu, lorsqu'elle allait renouveler ses langes,
Car il était vivant, quoique pareil aux anges ;
Puis il était jaseur comme un petit moineau,
Et doux et caressant. On le nomma Bruno.

Le bonheur familier de la maison paisible,
Enveloppant leurs cœurs d'une trame invisible,

Lentement, doucement, dans un tranquille essor,
Par l'air où chatoyaient de clairs mirages d'or,
Emportait nos amis vers la rive rêvée.
Les femmes, souriant, guettant leur arrivée,
Dans la saine tendresse enlaçaient leurs époux
De leurs bras travailleurs et pourtant non moins doux ;
Pleins de force et de calme heureux que rien n'altère,
Ceux-ci, rudes piocheurs, d'un beau lopin de terre
Avaient vu l'an dernier s'arrondir leur avoir
Et d'un hangar nouveau s'agrandir le manoir.

Mais le bonheur souvent est puni comme un crime :
Combien de nids chanteurs sont jetés à l'abime !

Quand la terre, longtemps, s'est chauffée au soleil,
Quand, de son lever rose à son coucher vermeil,
Elle a senti ses flancs où la richesse abonde,
Palpiter sous l'ardent foyer qui les féconde,
Qu'elle a bu la rosée et l'azur à longs traits,
Que dans les prés, les champs, les jardins, les forêts,
Sans épuiser jamais son immense mamelle,
Le flux et le reflux de la sève éternelle
Ont fait jaillir partout l'épanouissement
Des arbres et des fleurs, des foins et du froment,
Et que parmi ces flots de blés et de verdure,
En contemplant le ciel propice, la Nature
Triomphe et semble dire au Créateur : « Merci ; »
Alors le paysan dans son cœur chante aussi ;
Par la plaine il promène un front brun, qui, superbe,
Déjà pèse combien sera lourde la gerbe !
Tout le jour il a vu s'enfler le blond trésor
Et, dans un ciel plus pur, jamais le soleil d'or
N'a plus placidement gagné sa tiède couche
Et jamais son adieu n'a semblé moins farouche.

Le paysan s'endort dans la clémente nuit,
Et l'espoir enchanté dans le sommeil le suit.
Il reverra demain la splendeur coutumière.

A l'heure où, d'habitude, apparaît la lumière,
Il se lève, il s'étonne, il ne voit que du noir.
Le ciel, le ciel n'est plus qu'un obscur entonnoir
Où de bouillants remous de bitume et de soufre
Dans un cercle d'enfer se tordent, et le gouffre
S'éclaire d'une brusque et livide lueur.
Le tonnerre a grondé, lugubre, dans l'horreur.
Un fracas sec et bref déchire l'air sinistre.
Striant de blêmes traits les profondeurs de bistre,
Une mitraille aveugle, innombrable, bondit
Sur la Terre sonore. O malheur ! Jour maudit !
Car la grêle partout hache, crible et lapide
La superbe récolte, et l'homme, l'œil stupide,
Reste inerte, insensible et si terrifié
Dans son cœur qu'il en est comme pétrifié.
Il se décide enfin à sortir. Il commence
A mesurer l'horreur de ce désastre immense.
Pas un épi debout, et son œil effaré,
Sur le sol où naguère un océan doré
Balançait doucement ses houles lumineuses,
Ne voit plus qu'un amas de tiges limoneuses.
Sous les grêlons boueux, entassés blancs et roux,
La glèbe, hélas ! le sein criblé d'infâmes trous,
Longtemps, longtemps encor restera refroidie.
Et secouant son âme un instant engourdie,
D'un geste il montre à Dieu, tout puissant justicier
La ruine couvrant le terroir nourricier !

Mais voici qu'on entend courir, de lèvre en lèvre,
Un effroyable bruit, et la secrète fièvre

De l'alarme, malgré les fanfarons moqueurs,
Trouble et glace partout les âmes et les cœurs.
Un fléau s'avançait, invisible, implacable,
Et sa marche fatale et prévue, immanquable,
Menaçait la Commune. On avait affirmé
Qu'un bourg assez voisin en était décimé.

La terreur avait donc envahi le village,
Adieu, douce gaîté, plaisir, rire volage !
Des gens aux carrefours s'en venaient se grouper,
Dans leur anxiété cherchant à se tromper.
D'autres, silencieux, erraient, la tête basse.
On eût dit qu'ils cherchaient une invisible trace :
A leurs yeux assombris, quoique le temps fût beau,
Le soleil pâlissait, funéraire flambeau ;
Ainsi qu'aux jours d'éclipse, une lueur livide
Et lugubre attristait la rue étrange et vide,
Et pourtant le soleil resplendissait toujours.
Tout vaquait et chômait, tout, hormis les amours :
En face de la mort, cette flamme qui crée
S'exalte d'autant plus qu'elle est désespérée.

Seule, par un beau soir de ce malheureux temps,
Angèle revenait du chef-lieu. Par instants,
Son pas s'alentissait, non point de lassitude,
Mais sous le lourd fardeau d'une âpre inquiétude.
Pour la première fois elle éprouvait la peur.
« Peut-être, pensait-elle, est-il vain et trompeur
« Tout ce bonheur qu'ici le monde nous envie ;
« Car tout dépend du fil d'une fragile vie.
« On dit que l'affreux mal prend surtout les enfants ! »
— Et sur son cœur passaient des spasmes étouffants,
Et ses doux yeux flottaient sans se poser, farouches.
« Les tout petits, surtout, tombent comme les mouches

« Là-bas, racontait, hier, Jean, le vieux colporteur.
« Étienne me soutient que cet homme est menteur,
« Est-ce vrai ? Le bon Dieu n'aurait pas, il me semble,
« Le courage... Et pourtant j'ai grand'peur et je tremble. »
Elle allait anxieuse, un panier à la main,
Ses regards, sans le voir, errant sur le chemin.
Puis, comme elle entendit jacasser une pie,
Angèle, pour chasser une pensée impie,
Frotta son front si pur : ainsi qu'un noir lambeau,
Une ombre traversait son âme, et le corbeau,
Qui s'était, au festin, reposé sur Marie,
L'obsédait. Mais bientôt elle vit la prairie
Qui touche au vieux manoir ; elle était à l'endroit
Où le chemin moins vert devenait moins étroit,
A l'endroit où se dresse un ancien calvaire,
Et, tombant à genoux, égrenant son rosaire,
Dans de brûlants transports d'amour et de ferveur,
Longtemps elle adora son bien aimé Sauveur.
Le Dieu, penchant sa face amaigrie et souffrante,
Semblait l'encourager de sa bouche mourante.

Elle se lève alors, le courage affermi ;
Déjà le vieux manoir se montrait à demi,
Le pied trempé dans l'ombre et la brume argentine.
Son chaume noir sortait des bouquets d'églantine,
Sous le dôme immobile et bruni du noyer ;
Le Soleil se couchait et faisait ondoyer
Le village dans l'or d'une fine poussière
Qui montait lentement des bords de la rivière.
Au premier cabaret, l'ordinaire roulier
S'arrêtait. Ce tableau si doux, si familier,
Si rassurant, bientôt, réconforta son âme,
Et, le cœur et le pied plus légers, l'humble femme
S'approchait du manoir dans un air pur et sain,

Après elle entraînant le coutumier essaim
Des vibrants moucherons dans un nuage fauve.

Toute la maisonnée était bien saine et sauve,
Lorsqu'ayant soulevé la clôture en lattis,
Elle eut, par le jardin, regagné le logis.

Angèle, ouvrant la porte, entre dans la chaumière.
Un chaud reflet du soir pénètre, et sa lumière
Déferle en poudre blonde aux poutres du plafond
Et, dans l'âtre qui semble un trou noir et profond,
Brillent de clairs paillons au milieu de la suie.
Les cuivres, qu'une main toujours soigneuse essuie,
Ont des étoiles d'or dans leur miroitement.
En face du foyer au feu rouge et dormant,
La crayeuse cloison qui sépare la chambre
Du fournil se revêt de chaudes teintes d'ambre
Dont l'ardeur s'amortit et meurt en reflets froids
Sur les dalles, tandis que les autres parois
Se baignent mollement dans une ombre verdâtre
Et mouvante venant du verger. Près de l'âtre
Étienne, assis rêveur, s'était levé d'un bond,
Lorsque la main d'Angèle eut fait crier le gond
De la porte coupée et qui s'ouvrait en double.
Et la femme aussitôt, qui remarque son trouble,
Lui dit : « Pourquoi ta main tremble-t-elle ? Qu'as-tu ?
« Un malheur sur ce toit s'est-il donc abattu ?
« — Je dormais, répond-il, le seul bruit de la porte,
« M'éveillant en sursaut, m'a troublé de la sorte.
« Tout va bien. Ne crois pas — car on te le dira —
« Que le vieux colporteur soit mort du choléra ;
« Si ce soir, brusquement, Jean a cessé de vivre,
« Le genièvre en est cause ; il était toujours ivre.
« Tu sais bien qu'il descend et loge au Coq-Hardi,

« Au seuil du cabaret, je l'ai vu, ce midi,
« Se traînant, ivre-mort, et tout couvert de terre,
« Hurlant dans une soif que rien ne désaltère.
« J'eus pitié de l'ivrogne et lui prêtai mon bras :
« Puis alors, dans un lit dont il ôta les draps
« L'aubergiste le fit coucher. Mais le pauvre homme,
« A trois heures, dormait de son éternel somme.
« Il était déjà mort lorsque vint le curé.
« On dit que l'alcool l'a tant défiguré,
« Que sa face en était comme brûlée et noire. »

La femme, en écoutant cette tragique histoire,
Frémissait. La sueur perlait sur son front blanc.
Certe, Étienne mentait. Angèle fit semblant
De croire simplement ce que disait Étienne
Et murmura : « Mon Dieu, que ta main nous soutienne ! »

Le lendemain, aux yeux du bourg abasourdi,
Jean étant enterré, le même Coq-Hardi,
D'où, par instants, sortait un sanglot lamentable,
Resta fermé, lugubre. Au seuil, sur une table
Qu'un drap noir recouvrait de son voile affligeant,
Se dressait, plus funèbre, un crucifix d'argent ;
Car l'aubergiste, hier, si sain et si solide,
Là, maintenant, gisait, muet, roide et livide.
En deux heures, le mal en avait fait un mort.
La foudre vite abat le chêne le plus fort.
Les voisins consternés, tremblants, la face blême,
Passaient en se signant devant l'horrible emblème.
La peur est inventive : un bruit s'est répandu,
Un bruit lâche : on disait : « Cet homme s'est pendu. »
Cependant, ô terreur ! la semaine suivante,
Le Coq-Hardi voyait la femme, la servante
Et le fils s'en aller vers l'éternel repos,

Laissant le cabaret pour longtemps morne et clos.
Plus de doute à présent, le mal est manifeste !

Et tu vis accourir, toi qui chasses la peste,
O bienheureux saint Roch, une procession
Affolée, implorant ton intercession.
Au paysan la peur, en ce moment, rappelle
Qu'au fond du terroir dort ta déserte chapelle.
Perdu parmi les blés, revêtu de ton froc,
Banni dans les chardons, d'habitude, ô saint Roch,
Tu n'avais pour ami que ton barbet fidèle ;
A moins — et tu le vis parfois — qu'une hirondelle,
Au-dessus de ta tête, au vieux cintre bénit,
Ne s'en vînt, familière, appendre son doux nid.
O Saint, que pensas-tu de l'affluence grande
Qui bientôt t'apporta tous les jours son offrande,
De cette ardente cour d'improvisés dévots,
Toi que saluaient, seuls, dans le vent, les pavots ?

Parmi les pèlerins que la peur fanatise,
Angèle n'allait point vers saint Roch, mais l'église,
Dans un discret recoin, abritait sa ferveur.
Là, sur un vieux tableau tout usé, le Sauveur
Que les dégâts du temps voilent, dont on devine
Bien plus qu'on ne la voit, la figure divine,
Dans l'auguste froideur du sombre demi-jour,
Consomme, les yeux clos, son martyre d'amour.
Auprès, sur un endroit que l'humidité mange,
Encor plus vaguement, une apparence d'ange,
Dans un calice d'or, recueille le Saint Sang
Qui du côté blessé coule à flot jaillissant,
Et rejette l'horreur de ses éclaboussures
Au flagellé couvert d'affreuses meurtrissures.
Mais, plus bas, fatiguant ses regards attentifs,

Elle eût en vain cherché les deux forcenés Juifs
Qu'elle avait tant maudits dans sa première enfance :
A peine un bout de casque ou bien un fer de lance,
Une main, un fragment de visage grêlé
S'y déforment au gré du panneau craquelé,
Et le reste s'effeuille en écailles moisies.
Là ne pénètrent point les lueurs cramoisies
De vitrail, ni l'éclat d'azur et de vermeil
Dont, plus loin, les piliers s'égayaient au soleil.
Ce fond de bas-côté, sous sa voussure lourde,
Reste grave et noyé dans une brume sourde.

Le cœur, hélas! sevré de ses rêves heureux,
Angèle aimait alors ce réduit ténébreux.
Sous les rigides plis droits d'une mante noire,
Dévorant des regards l'hostie expiatoire,
L'adorant, implorant son propice secours,
Aux loisirs que laissait son travail, loisirs courts,
Elle s'abîmait là jusqu'au fond de son âme.
Or, dans cet abri sombre, un jour, la pauvre femme
Redemandait à Dieu d'apaiser ses tourments
Qui redoublaient encor, car six enterrements,
Ce matin, ont glacé d'effroi le voisinage.
— Autour du vieux manoir, le fléau faisait rage. —
Elle a, sur le chemin où tout redit le deuil,
Croisé le charpentier qui portait un cercueil.
Elle a de plus compté, le frisson aux vertèbres,
Devant quatre maisons, quatre tables funèbres.
Et le morne clocher ne tintait plus son glas.
La peur était muette et les pleurs étaient las;
La peur, qui fige l'âme et gèle les entrailles,
Déjà séchait les yeux devant ces funérailles,
L'égoïsme brisant les plus vibrants ressorts.
Mais Angèle, en son cœur, les pleurait, tous ces morts.

Elle était, la paupière encor rouge et mouillée,
Devant le sombre Christ, dans l'ombre, agenouillée
Sous sa mante ancienne aux plis sombres et droits,
Comme la Vierge au pied de la sanglante croix.
Immobile, dans un pressentiment étrange,
Elle fixait ses yeux pleins d'angoisse vers l'ange
Que le temps outrageait sur l'antique panneau.
Cet ange vaguement ressemblait à Bruno.
Elle s'en aperçut, mais, dans son trouble extrême,
Ce qu'elle croyait voir, c'était Bruno lui-même
Et si pâle et si terne en son corps effacé,
Petit cadavre éteint de Bruno trépassé…
Clouée au sol, la bouche ouverte et le cou roide,
Ses deux tempes battant sous une sueur froide,
Abandonnant ses bras et ses yeux obstinés
Tendant vers l'ange seul leurs regards fascinés,
Funéraire statue à genoux sur les dalles,
Elle entendait tinter d'invisibles cymbales,
Trouble étrange, au milieu d'un sourd bourdonnement ;
Quand soudain retentit dans la nef, brusquement,
Un bruit clair de sabots sous la voûte sonore.
Angèle dont le front, pâle, pâlit encore
Se retourne… et Marie accourt, les bras tendus,
Hagarde, échevelée, et les yeux éperdus.
Angèle tord ses mains, hurlant ce cri terrible :
« Il est mort, mon Bruno, Bruno ! » Folle, insensible,
Elle voit les piliers massifs tourbillonner
Sur leur base oscillante, elle voit rayonner
D'étranges feux dans l'air ;… les gouttes de sang rouge
Tremblent horriblement sur le vieux Christ qui bouge ;
Elle s'affaisse et tombe et par de vains efforts
La jeune femme cherche à ranimer son corps.
Angèle ne voit plus, n'entend plus, et Marie
Bien inutilement la secoue et lui crie :

« Mère, Bruno va bien, reprenez vos esprits ! »
Dans son vêtement noir, blanche sur le sol gris,
Refroidie et livide, on eût dit une morte.

Marie, épouvantée, a couru vers la porte.
Arrivent deux voisins qui prêtent leur secours.
Ils emportent Angèle, et, le long du parcours,
Par le morne désert de la rue alarmée,
Sur leurs bras elle pèse et flotte inanimée.

IV

ÉTIENNE

Étienne travaillait, dès l'aube, défrichant
Un bois marécageux pour agrandir un champ
Qu'il venait d'acquérir au fond du territoire.
Quoique la terre en fût toujours humide et noire,
Il n'a pas dédaigné d'en augmenter son bien.
Certains légumes, là, du reste venaient bien ;
Là, vigoureusement, poussait la betterave.
De l'âme plein les bras, Étienne, — il était brave
Et jamais son labeur ne s'était relâché, —
Dès l'aurore, avait donc obstinément pioché,
Arrachant pour les mettre en tas les rudes souches ;
Quand soudain il pâlit et des ombres farouches
Sinistrement passaient et voilaient ses regards ;
Et quoique le soleil le mordit de ses dards,
Dans ses veines, bientôt, courut un froid de glace
Il lutta, mais en vain, et, terrassé sur place,

Dans une horrible et longue angoisse il attendit,
Se tordant, se traînant. Puis, son corps s'engourdit.
Dans une soif ardente, il appelle, il écoute :
De lointains chariots, seuls, criaient sur la route.
Il se sent mieux, se lève et va jusqu'au sentier ;
Il trébuche et retombe au pied d'un églantier.
Un gros homme approchait, menant un attelage,
Étienne croit déjà regagner le village :
Mais cet homme est un lâche infâme, c'est Thomas !
Il passe, il pousse un *hue!* et s'éloigne à grands pas
Tout tremblant, excitant ses chevaux de la bride.
Et la face d'Étienne était sombre et livide ;
Ses membres roidissaient, par les crampes, crispés.
Des bûcherons toujours au bois sont occupés,
Dont Dieu veut qu'à cette heure un groupe s'en revienne ;
Ces hommes attendris au triste aspect d'Étienne,
Assemblant des rameaux dont ils font un brancard,
Emportent le mourant qui dit : « Il est trop tard ! »

Le groupe, dans sa marche alentie et prudente,
Grave et seul, s'avançait dans la campagne ardente,
Point lugubre flottant dans un infini clair.

Un splendide soleil, irradiant dans l'air,
— On était en juillet — de ses flammes puissantes,
Déjà jetait de l'or aux moissons mûrissantes.
La Nature insensible aux transes des humains,
Pleine de tous ses dons, ouvrant ses larges mains,
Dans les miroitements sans fin de la lumière,
Accomplissant l'immense œuvre de la matière,
Sereine et souriant du sourire éternel,
N'avait point de souci de ce poison mortel
Et subtil, qui, partout, ravageait la contrée.
Les ramiers roucoulaient leur plainte enamourée.

Sur les rudes chardons qui, le long du chemin,
Dressent si fièrement leurs têtes de carmin,
Les papillons de feu, les abeilles actives,
Et les vivants saphirs, les émeraudes vives
Des mouches pullulaient, comme par les temps sains,
En mille étincelants et bourdonnants essaims,
Et la frêle cigale essayait ses coups d'aile.
L'alouette chantait, mais l'alerte hirondelle,
De ses joyeux traits noirs, ne rayait plus l'azur :
On dit que cet oiseau, qui ne boit que l'air pur,
Devant l'invasion du miasme funeste
Quitte les lieux maudits où s'infiltre la peste.

Le groupe, cependant, ne cesse de marcher
Doucement vers le bourg dont bientôt le clocher
Apparait dans le deuil de son morne silence,
Que rompt, seule, la voix du cadran qui s'élance
Dans un tintement grêle et qui, le plus souvent,
Emportée à regret sur les ailes du vent,
Aux soleils brillants comme aux nocturnes ténèbres,
N'annonce plus, hélas! que des heures funèbres.
Sur le brancard, Étienne a les traits résignés ;
Ses yeux, qu'une rapide agonie a gagnés,
Ne voient plus qu'à travers une trame sanglante ;
Sur sa lèvre déjà s'éteint sa voix dolente.

Non loin, de blonds enfants à l'affût des oiseaux,
Couchés dans les chardons, surveillaient leurs réseaux.
Muets et contenant les éclats de leur joie,
Sur cette terre vague ils guettaient une proie
Que de petits traqueurs levaient aux environs.
L'un d'eux bientôt accourt aux cris des bûcherons,
Et, dans d'alertes bonds, vole avertir Marie.

Pour éviter la rue on prend par la prairie.
Le lattis du jardin, ouvert à deux battants,
Laisse passer celui que de bien courts instants
Séparent du bonheur tranquille de sa vie,
Et dont l'âme modeste, au devoir asservie,
Ouvre déjà son aile à l'appel de la mort.
Cependant ses regards, dans un dernier effort,
Ont encor reconnu le beau noyer d'Angèle :
Alors le long amour que son cœur pur recèle
Ravivant, un instant, la source des douleurs,
Pour la dernière fois a fait germer ses pleurs.
Mais vainement les mots se pressent sur sa bouche.

Tout à coup, apparaît un grand vieillard farouche,
Plus hâve, plus hagard qu'un spectre de tombeau ;
L'insensé n'a qu'un cri : « Le corbeau, le corbeau ! »

Étienne est déposé sur son lit, quand la porte
De l'enclos s'entre-bâille, et voici qu'on apporte
Angèle dont les yeux commençaient à s'ouvrir.
Que voit-elle? Marie, égarée, accourir,
Se cramponner au seuil et barrer le passage.
Angèle, à cet aspect, se débat avec rage
Et repousse les bras qui l'empêchent d'entrer.
Elle entre ; Étienne est froid : il venait d'expirer.
Des mains qui la tenaient alors débarrassée,
Elle fond sur le lit, prend la tête glacée.
Hurlant, désespérée et, rejetant les draps,
Elle veut, en serrant Étienne dans ses bras,
Sous ses baisers brûlants et frissonnants de fièvre,
Le ranimer au feu qui consume sa lèvre ;
Et tout ce qui, jadis, dans son cœur a chanté,
Toutes les ailes d'or de son rêve enchanté,
Tout ce qui fait qu'on rit et qu'on pleure et qu'on tremble,

Les joyeuses moissons que l'on fauchait ensemble,
Et jusques aux temps durs qu'il a fallu passer,
Le bel enfant qu'au soir on allait embrasser,
Tout le vert des printemps, les rouilles de l'automne,
Tout le feu des étés, l'hiver qui nous étonne,
Quand sa première neige au matin apparait,
Et la première fleur qu'à deux on respirait,
Les timides soleils ouvrant les violettes
Et les mêmes repas dans les mêmes assiettes ;
Tout ce qui bourdonnait et chantait dans son cœur,
Rejaillit, rechanta dans un funèbre chœur.

Tous les rayons d'amour, toute la chaste flamme,
Astres intérieurs illuminant son âme,
La brûlent maintenant comme des feux d'enfer :
Les Souvenirs, ainsi que des flèches de fer,
La frappent tous ensemble, et leur pointe pénètre
Par tous ses sens, vibrant jusqu'au fond de son être,
Et tel d'entre eux, un rien dès longtemps oublié,
Mord si cruellement ce cœur supplicié
Qu'il y fera saigner la plus large blessure.

Tant de coups à la fois dépassant la mesure
De ses forces, elle pousse un effroyable cri
Et se dresse et retombe auprès de son mari,
Qui maintenant n'est plus dans son néant qui navre,
Sous les plis du linceul, qu'un roide et froid cadavre.

Le vieux contrebandier, sombre comme un vautour
Qu'un chasseur a blessé, sur un banc de la cour,
Ne manifestait plus qu'un tremblement stupide.
Ses regards se figeaient dans leur orbite aride.
Il semblait oublier les coups qui le frappaient.
D'inconscients frissons, par instants, l'agitaient ;

Un spasme convulsif remuait sa paupière.
Chose étrange! ses yeux ne quittaient pas la pierre
D'une auge qui, l'hiver, s'était fendue aux froids;
Le vieux le remarquait pour la première fois.

Bientôt le sombre oubli couvrira de ses voiles
Tous ces morts. Aux clartés de nouvelles étoiles,
Oublieux du temps triste et de soleils éteints,
Nous prendrons notre vol vers de plus gais lointains.
Nous nous réjouirons aux futures aurores,
Et les oiseaux du ciel, à nos âmes sonores,
Chanteront de nouveau de nouvelles chansons.
Il est temps de hâter notre marche. Passons
Sur la fin du fléau hideux dont la furie
Pour la tombe enleva bientôt Pierre et Marie
Et tant d'autres, la mort frappant à tous moments.
Nous tairons, ô Marie, aussi tous tes tourments
Horribles. Tu tombas deux jours après ton Pierre.
Quand tu le conduisis au sombre cimetière,
Apre et suprême angoisse où ton cœur fut plongé,
Tu suivis le cercueil, et rien n'était changé
Sur la route. Partout les sureaux, dans les haies,
Laissaient tomber les fleurs de leurs naissantes baies
Sur l'herbe et sur l'ortie, ainsi qu'au jour serein
Où l'amour qui battait et riait dans ton sein,
Au bras de ton ami, te menait à l'église.
Aux carrefours volait même poussière grise,
Alors, au pied des murs, auprès des fumiers roux,
Comme aujourd'hui séchaient des tiges de grands choux;
Mais, bien loin de gémir sous ta mantille noire,
Alors, tu marchais blanche et le front clair de gloire.
Femme, le ciel pourtant a pitié de ton deuil.
Il va te reposer demain dans un cercueil,
Et puis, lorsque, là-bas, refleurira ta tombe,

Lorsque les étourneaux et la douce colombe
Iront piquer le grain du triste tournesol
Qu'Angèle aura planté sur le tranquille sol
Qui doit se refermer bientôt sur ta dépouille
Et, dans le morne oubli qui met partout sa rouille,
Où tu t'en vas dormir ton éternel sommeil,
Ton Bruno grandira sous un clément soleil.

Cependant, sur son lit, la malheureuse Angèle
Que l'ange de la mort effleurait de son aile,
Était horriblement malade et délirait :
Même le jour funeste où Marie expirait,
Le médecin avait prédit sa fin prochaine.
Mais son âme pourtant ne brisa point sa chaîne.
Longtemps entre une vie insensible et la mort,
Elle put ignorer les nouveaux coups du sort.
Et, quand la chambre vide eut dit toutes les pertes,
Ses nerfs étant brisés par les crises souffertes,
Sous la molle langueur alors qui la gagna,
Affaissée en son âme, elle se résigna.
C'était pitié de voir, agrandis et farouches,
Ses yeux étrangement ouverts que rendait louches,
Dans la confusion de ses esprits hagards,
L'égarement inerte et fixe des regards.
A peine, par instants, sur ses arides lèvres
Que brunissait encor la brûlure des fièvres,
Un pâle et douloureux sourire languissait,
Quand sa voisine Marthe, au seuil, apparaissait,
Car, si de son malheur tout le monde s'écarte,
Elle avait vu venir la brave et forte Marthe.

Se prodiguant sans cesse, allant par tous les coins,
Calme, sans murmurer multipliant ses soins,
Toujours veillant debout au chevet des malades,

En dépit des terreurs et des jérémiades
De son faible mari qui blémissait de peur,
Marthe avait inspiré de l'âme à plus d'un cœur.
Avec sa fermeté qui jamais ne varie,
Ayant mis au linceul Pierre, Étienne et Marie,
Elle avait encor pris soin du petit garçon,
Comme s'il eût été son propre nourrisson.
Angèle ne sait point cela. Marthe s'est tue,
Car parfois un accès de joie extrême tue.
Épiant la malade avec attention,
Son œil, toujours ouvert, guette l'occasion.

Angèle revenait par degrés à la vie,
Mais dans de tels tourments, qu'elle ut poursuivie
Par la soif de la mort : — « Je ne puis tant souffrir,
« Disait-elle, ô Jésus ! fais, oh ! fais-moi mourir !
« Sur moi seule pourquoi faut-il que tu te venges ?
« De tous ceux que j'aimais lorsque tu fais des anges,
« Pourquoi me laisses-tu dans cet horrible enfer ?
« O toi qui fus frappé des verges et du fer,
« Toi dont j'ai tant pleuré les souffrances divines,
« O Christ, je porte aussi la couronne d'épines !
« Si ta vengeance au moins m'eût épargné Bruno !
« Ah ! quand ma chaîne ici n'a plus un seul anneau,
« Pourquoi, pourquoi ne puis-je abandonner la terre ?

Un jour qu'elle dormait d'un sommeil salutaire,
Dans un rêve elle vit, parmi les champs de blés,
De graves moissonneurs au soleil assemblés,
En silence et debout : leurs femmes et leurs filles
Avaient mis en faisceau les faux et les faucilles,
Et disaient : « Aujourd'hui, c'est la moisson de Dieu. »
Étienne, le plus haut, se tenait au milieu,
Souriant à côté de Pierre et de Marie.

Sa face était paisible et pourtant attendrie,
Et son front en sueur au soleil reluisait.
Angèle vit alors qu'Étienne grandissait;
Sa forme s'allongea, dans l'air, accentuée,
Et sa taille monta jusques à la nuée
Solide qu'il tâta de son énorme main.
Et puis, courbant le dos, d'un geste surhumain,
Dans ses immenses bras prenant Marie et Pierre
Et redressant son front serein dans la lumière,
Il s'assit entre eux deux au nuage d'argent
Qui, comme un grand vaisseau, s'ébranlant et nageant,
Fendit tranquillement les zones azurées.
Dans la splendeur du ciel d'abord démesurées,
Leurs figures bientôt ne firent plus qu'un point.

Angèle était ravie et ne comprenait point.
Soudain elle se voit par son corps toute nue.
Dans le frisson glacé d'une horreur inconnue,
De son flanc jaillissait une gerbe de sang
Ruisselant dans un flot de pourpre, éclaboussant
De gouttes vives comme une pluie écarlate
Son sein martyrisé dont la pâleur éclate
Et ses membres plus froids et plus blancs que la mort.
Puis, à ses sens qu'agite un étrange transport,
Avec cette clarté merveilleuse des songes,
Apparaît un enfant, à ses mains des éponges;
Il lave la blessure. Angèle sent couler
Un baume dans son corps et ses yeux se voiler
De larmes qui, tombant sur la plaie arrosée,
La réconfortent, chaude et vitale rosée...
Et voici que renaît son corps endolori...
Et le divin enfant, c'est son Bruno chéri!

En ce moment Angèle entr'ouvrit sa paupière.

Le soleil matinal filtrait dans la chaumière
Un gai regard de flamme où des atomes d'or
Etincelaient, flottant pour refloter encor,
Et comme fascinés. Ce pur rayon de gloire,
Ce charme aérien chassant de sa mémoire
Toute l'horreur du rêve, apaise le tourment
D'Angèle, et les doux yeux de Bruno, seulement,
La regardant toujours, lui donnent le vertige...
Angèle est réveillée, et pourtant, ô prodige !
Sur son lit elle voit les traits et les couleurs
De son ange qui rit parmi de fraîches fleurs !
Bruno ! c'est lui ! Des lis, des roses l'environnent.
Bruno vit donc encore !... En ce moment résonnent,
Aux lèvres de l'enfant, des accents argentins,
Prière bégayée et qu'en de tels matins,
Elle avait, au bon temps, si souvent entendue !
Et Marthe pousse alors vers l'aïeule éperdue
L'enfant qui bat des pieds et, l'œil clair et confus,
Tend ses petites mains comme un petit Jésus !

V

L'ÉTRANGÈRE

Si nous sommes ravis au charme de nos plaines
Qui bercent les blés d'or, et si, les voyant pleines
D'innombrables beautés, nous les aimons d'amour,
Ah ! combien notre cœur tressaillerait, le jour
Où nous contemplerions les rives de l'Aurore :
La Grèce au front sacré, les splendeurs du Bosphore,
Et ce pays, berceau de l'homme vagissant,
Qui vit fleurir l'Éden, lorsque le Tout-Puissant
Posait son pied divin sur les degrés sublimes
Qu'élèvent, jusqu'au ciel, ses gigantesques cimes,
Et l'Inde, antique terre aux feux étincelants,
Où les oiseaux de l'air sont des joyaux volants
Qui mêlent, aux ardeurs des brumes toujours chaudes,
L'éclair de leurs rubis et de leurs émeraudes ;
Où, sous les parasols des arbres triomphants,
Le Gange donne à boire à de blancs éléphants ;
L'Inde, la source au germe, au milieu des mystères,
Le rêve inassouvi des voluptés austères ;
Où non loin des bassins, dormants et bleus miroirs,

Le grand soleil projette, entre les cèdres noirs,
Ses rayons amoureux sur la rose pagode,
Où l'air frémit encor du premier vol de l'ode!
Ah! si notre soleil, aux portes du matin,
Brille si glorieux dans le ciel argentin
Que le rayonnement de ses flèches d'or scinde,
C'est qu'il monte imprégné des merveilles de l'Inde.

Le monde a conservé l'indélébile sceau
De la terre qui fut son lumineux berceau.
Jusque dans l'Armorique on retrouve les traces
De ce foyer sacré d'où rayonnent les races.
Les antiques dolmens, des flots du Nord battus,
Gravent sur leur granit des dessins de lotus,
Et le Breton n'a point oublié les images
Que brodait son ancêtre aux manteaux des vieux Mages.

Tandis qu'Angèle endort, de nouveau, dans son lit
Son tendre chérubin et que son deuil pâlit
Dans l'amour rajeuni de son devoir sublime,
Lorsque, prête à sombrer, son âme se ranime
Et, sous l'impulsion d'un courageux transport,
Pour Bruno seul s'efforce à regagner le port,
Un navire poussé par une brise égale,
Sur l'azur merveilleux du golfe de Bengale,
Sous un ciel bleu qui fait oublier les dangers,
Emmène au loin, parmi de joyeux passagers,
Une jeune créole adorablement belle,
Mais de qui la farouche humeur semble rebelle
Au charme solennel du ciel clair et des flots.

Indifférente aux soins discrets des matelots,
Comme une fleur malade, inclinant son front lisse
Et pâle sur l'arc noir d'un long sourcil que plisse

L'opiniâtre ennui d'un songe soucieux,
Elle laisse, au hasard, errer de ses grands yeux
Plus sombres que la nuit sous leur voûte profonde,
Lentement, des regards inconscients sur l'onde.
Et dans l'étrangeté de ses beaux traits pâlis
Que berce, monotone, un incessant roulis,
Au milieu de l'immense Océan des tropiques,
Au vertige enivrant de ses remous épiques,
On croit voir un génie éploré de la mer,
Dessinant la langueur de son profil amer
Sur l'écume de neige et sur la lame glauque.

Elle pleure. Un sanglot monte à sa gorge rauque,
Et ses yeux inquiets ignorent le sommeil.
Est-ce le seul regret des pays du Soleil ?

Parfois, pris de frisson, son corps brusquement bouge,
Elle frémit et mord sa lèvre forte et rouge,
Tandis que, vers son front, une vive chaleur
Monte et d'un flux de pourpre inonde sa pâleur.
Comme un diamant noir sa prunelle s'enflamme,
Révélant le brasier qui consume son âme ;
Car, dans l'égarement où plongea sa raison,
Sa bouche ardente a bu l'ivresse du poison.

Suzanne, tel son nom, immobile, affaissée,
Suit sur les flots grondeurs son unique pensée
Qui retourne en arrière, irrésistible attrait,
Vers la rive natale où l'antique forêt,
Sous le dôme embrasé de la lumière pure,
Enfonce à l'infini sa profondeur obscure,
Où se tordent les bras de l'immortel figuier,
Où, comme les lueurs farouches de l'acier,
Dans une épaisse nuit, luisent les yeux du tigre.

Sous le poids d'un arrêt inflexible, elle émigre,
Anéantie, hélas !... O terribles aveux !
Cruelle autorité qui disait : « Je le veux,
« Fille infâme, demain nous partirons ensemble ! »
Comme il la maudissait ! et combien elle tremble
Devant les durs éclairs de ses yeux courroucés.
Et Paris les attend. Mais ce n'est point assez
De cet exil, il faut encore qu'elle oublie !...
Que personne ne sache !... Ah ! son âme avilie
Lorsqu'à tout ce qu'elle aime elle aura dit adieu,
Pourra-t-elle sourire encore au grand ciel bleu ?
L'innocence perdue, où retrouver sa trace ?
Mais le père le veut : dur préjugé de race !

Il erre sur le pont, en proie aux noirs accès
De la haine et d'un sourd chagrin. Il est Français
D'origine et d'aspect, non pourtant d'habitudes.
Son âme s'est bronzée aux chaudes solitudes,
Et, plutôt que de voir cet amour triomphant,
Il eût, de sa main propre, étranglé son enfant.
Il n'avait point jadis cette roideur altière,
Alors qu'il épousait une riche héritière
Dont la lèvre de pourpre aimait le narghilé,
Et dont le sang coulait d'un flot d'ambre mêlé.

Et Suzanne languit sans force et sans courage,
Comme une frêle fleur que le vent de l'orage
A brisée et qu'entraîne un âpre tourbillon
Loin de la fleur aimée et du n·tal sillon,
Et son cœur qu'un subit éclair parfois inonde,
Ah ! longtemps reverra, dans la forêt profonde,
Par la nuit que répand sa farouche épaisseur,
Bondir, dans les fourrés, l'intrépide chasseur,
Le paria superbe aux yeux dardant la flamme

Dont les âpres baisers ont affolé son âme ;
Mais partout, dévorant son douloureux secret,
Elle pliera devant l'inexorable arrêt.

Tandis que, dans l'écume errante, le navire,
Creusant un long sillon d'azur, au large vire
Vers l'Afrique ; tandis que sur le dos mouvant
Des lames, il s'éloigne au doux souffle du vent,
Qu'au soleil on voit luire encor ses blanches voiles
Dont la brise attiédie enfle toutes les toiles
Et le pont balancer son profil incertain ;
Quittons cette amoureuse et ce père hautain,
Revenons en Artois, vers la veuve laissée,
A ses transports d'amour maternel. La pensée,
Plus vite que le vent, conduira notre essor
Au gré de son caprice et sur ses ailes d'or.
Et dans un seul élan de sa vive envergure,
Sur les hauteurs du ciel bleu d'où se configure
Le contour sinueux des eaux et des pays,
Tout un monde étendu sous nos yeux éblouis,
Par-delà les troupeaux moutonnants des nuées
Qui, là, s'interrompant, plus loin, continuées,
Nous laissent voir, avec d'intermittents éclairs,
A travers le réseau de leurs larges trous clairs,
Au fond d'un bain d'azur, les couleurs et les formes
Des villes, des forêts, des montagnes énormes,
Des fleuves, des caps noirs, des golfes d'outremer
Et cette immensité farouche de la mer ;
Sur les hauteurs du ciel, vers notre chère France,
Volons où nous appelle une sainte souffrance.

Sous le vertigineux élan de notre vol,
Bien loin, bien loin, ont fui les pays du Mongol,
L'Indoustan et la Perse, et, franchissant l'espace,

Bagdad et l'Arabie, et puis voici que passe
La Terre Sainte où dort le grand Dieu d'Israël.
Comme une immense flotte au départ, l'Archipel
Tourne, léger essaim de mouettes, et file,
Et Chios et Naxos, Rhodes qui se profile
Plus loin, Rhodes qui vit Protogène et Charès,
Un instant, ont montré leurs touffes d'aloès,
Leurs rocs étincelants et leurs noirs bouquets d'arbres.
Voici Mélos, Mycone et Paros dont les marbres
Ont revêtu les dieux d'immortelle blancheur.
Chefs-d'œuvre mutilés par l'aveugle Faucheur,
Des temples au front pur dominant sa falaise,
Le sol qui fut l'Attique et le Péloponèse
Nous apparait. D'un cœur qu'enivre l'air sacré,
Saluons Salamine et le golfe azuré
Où la flotte barbare abattit ses antennes ;
La merveille des arts a surgi : noble Athènes
Qui nourrit Phidias ! Puis encor les flots bleus
Se déroulent sans fin, comme un désert houleux,
Et le ciel s'assombrit ; mais, dans une embellie,
— Ame, encore un dernier coup d'aile ! — l'Italie,
Terre blonde et sonore émerge de la mer.

Plus avant ! plus avant ! plus vite, fendons l'air ;
Déjà s'ébauche au loin notre France fertile,
Et déjà, sous notre aile alerte, a fui cette ile
Qu'abandonna le vol craintif de l'Alcyon,
Le jour où l'Aigle y fit sa fauve éclosion.
Salut, pays des blés, des vignes et des chênes,
Va ! ne sois pas jaloux de Rome ni d'Athènes,
Car, si l'une eut la Force et l'autre la Beauté,
France, chez toi naquit la mâle Liberté !

VI

LA PETITE JEANNE

Retournons au manoir et suivons la pensée
D'Angèle, sur le banc où nous l'avons laissée,
A l'heure où le village entrait dans le repos,
Assise à son rouet qui ronflait dans l'enclos
Tout rempli de mystère obscur et d'ombre noire;
Là, nous la retrouvons attristant sa mémoire.
Ses sombres souvenirs, encore douloureux,
S'adoucissent pourtant. Comme l'air vaporeux,
Le temps, sur les lointains du passé, met ses voiles
Où les bonheurs ainsi que les claires étoiles,
Étant lumière, sont les derniers effacés.
Et de ses longs chagrins lentement émoussés,
Son cœur pur n'a gardé qu'une immense tendresse;
Un sublime besoin de dévoûment l'oppresse,
Et, tout blessé qu'il est, ce cœur frémit d'amour.
Ineffable rosée, il épand, alentour,

La divine bonté de toutes ses blessures :
Le malheur n'avilit que les viles natures.
D'ailleurs bientôt sourit un coin de ciel serein
Dont la douce clarté tempéra son chagrin.
Les soins de son enfant y firent une trêve.
Après la triste nuit, c'est l'aube qui se lève :
Sous le rose soleil qui flambe à l'orient,
Les fantômes ont fui, car, dans l'azur riant,
Le fragile oiseau chante à l'astre qui l'inonde ;
Or, le soleil d'Angèle est une tête blonde.

Rien n'avait assombri l'enfance de Bruno,
Car cet enfant superbe, et gai comme un moineau,
Grandit obscurément, charme de la chaumière
Que ses yeux éclairaient d'une pure lumière.
C'était un gros garçon rieur et qui, lui seul,
Regardait sans effroi le taciturne aïeul.
Il but très peu du fiel dont la nature abreuve
Les pauvres innocents. Vainqueur à chaque épreuve,
Il résista sans peine aux communs accidents
Tels que muguet, rougeole, et coqueluche, et dents.

A cinq ans, tout à coup, il cessa son ramage.
Angèle, s'alarmant de le trouver trop sage,
De le voir au jardin, toujours silencieux,
S'amuser longuement d'un jouet sérieux,
Se dit : « Pour réveiller son humeur endormie,
« Il faudrait à l'enfant une petite amie. »
Et Marthe, consultée, avait aussi trouvé
L'enfant bien solitaire ; elle avait approuvé
Le projet, ajoutant : « Un enfant de son âge,
« Angèle, ne se peut trouver au voisinage ;
« A votre place, moi, j'irais demander un
« De ces pauvres enfants trouvés ; prenez-le brun,

« Le petit étant blond. Un enfant de l'hospice,
« D'ailleurs, loin d'être à charge, apporte un bénéfice. »
C'est pourquoi le manoir avait, un beau matin,
Abrité sous son toit notre petit lutin.
Et bien qu'elle fût loin de la trouver gentille,
Angèle avait choisi, tout d'abord, cette fille,
Ignorant elle-même à quel charme secret
Attribuer son vif et soudain intérêt.

De sauvages parents, dans quelque fauve zone,
Avaient pu seuls créer cette enfant noire et jaune,
Et dure et maigre avec de farouches sourcils ;
Tandis que reluisaient, sous de ténébreux cils,
Des yeux très noirs jetant de sombres étincelles.
Devant cet être grêle, aux ardentes prunelles,
Le vieux contrebandier, retenu dans son lit,
Avec un grognement lugubre tressaillit.
Mais le petit Bruno poussa des cris de joie ;
Il accourut, les bras tendus, vers Jeanne en proie
A cette anxiété qui serre le jarret
D'un levraut effaré sous l'œil du chien d'arrêt.
Sur sa joue il posa sa bouche rose et fraiche.
Mais la farouche enfant, de plus en plus revêche,
Voûtant son maigre dos qu'elle avait appuyé
Contre le mur, le cou par la stupeur ployé,
Restait là, l'œil ouvert et la lèvre nerveuse.

« La petite n'est pas, dit Marthe, cajoleuse,
« Mais si vous l'aimez bien, la gaîté lui viendra,
« Et c'est par la douceur qu'on l'apprivoisera. »

Cependant, tout à coup, prise de folle rage,
Tel qu'un fauve captif aux barreaux de sa cage,
Ivre de désespoir, se heurte à se tuer,

Impétueusement, Jeanne va se ruer
Sur la porte de bois que laboure son ongle,
Criant comme une bête arrachée à sa jungle.
Et le naïf Bruno, consterné, restait coi,
Immobile, observant d'un regard plein d'effroi,
Ces petits poings crispés battant la porte sourde.
La prenant dans ses bras, — l'hirondelle est plus lourde
Malgré ses cris, ses bonds de furieux lutin,
Angèle la porta sur l'herbe du jardin.

Et Jeanne commençait sa quatrième année.
Le grand air la calma. D'abord, tout étonnée,
Elle tourna la tête et jeta sur les fleurs
Ses grands yeux de chevreuil encor noyés de pleurs,
Qui, parmi les muguets, les œillets et les roses,
Comme deux fleurs de jais subitement écloses,
Sourirent emperlés de larmes dans le jour.

Bruno l'avait suivie et pleurait à son tour.

Qui n'aime ces jardins des humbles dont les haies
Sont de neige au printemps, puis s'empourprent de baies
Que visite le merle à l'arrière-saison ;
Où dort, couvert de mousse, un vieux pan de maison
Qu'une vigne gaîment couronne de sa frise,
Sous la fenêtre étroite et que le temps irise,
Où des touffes de buis d'âge immémorial
Répandent leur parfum austère et cordial,
Où la vieillesse rend les groseilliers avares ;
Jardinets mesurant à peine quelques ares,
Mais si pleins de verdeurs et de destructions
Qu'on y suivrait le fil des générations ;
Où près du tronc caduc et pourri qu'un ver fouille,
Les cheveux allumés, l'enfant vermeil gazouille ;

Où, vers le banc verdi, les bons vieillards tremblants
Viennent, sur leur béquille appuyant leurs pas lents
Et gardant la gaîté, — car leur âme presbyte
Voit mieux les beaux lointains que la lumière habite, —
D'un regard déjà lourd de l'éternel sommeil,
Tout doucement sourire à leur dernier sommeil ?

VII

L'ENFANCE

Or, Jeanne aura seize ans, viennent Pâques fleuries.

Enfant, elle a longtemps, par ses mutineries,
Attiré sur Bruno, toujours son défenseur,
Tant de coups qu'il l'adore encor plus qu'une sœur.
S'attachant à ses pas comme un bon chien de garde,
En ce temps, il mordait qui lui criait : « Bâtarde ! »
Et la rage rendait terrible ce Bruno
D'habitude plus calme et plus doux qu'un agneau.
Il n'avait point, d'ailleurs, la tendresse importune,
Satisfait de voir Jeanne, auprès des blés, si brune,
Et d'entendre le timbre éclatant de sa voix
Répondre au rossignol sous les arceaux des bois.

Leur enfance, très pauvre, avait été très douce ;
Peu de pain, beaucoup d'air, et la marmaille pousse,

Joyeuse, et trouve aux champs des plaisirs infinis :
Les jeux, les hannetons, les cigales, les nids,
Que sais-je ? Autant de jours sereins, autant de fêtes,
Lorsqu'on a pour amis le soleil et les bêtes.
Et le plus gai rayon est celui du matin
Qui tremble, épanoui, sur un front enfantin,
Lorsque l'aurore allume une chaude corniche
D'or rose à la chambrette où le rose enfant niche.
Ils avaient eu beaucoup de ces divins réveils
Qui laissent dans le cœur leurs souvenirs vermeils
Et font pour tout le jour provision de joie.
Ils n'avaient pas connu la faim. On s'apitoie
Très souvent, sans raison, sur ces déguenillés
Qui, couverts de poussière et tout ensoleillés,
Ramassent le crottin, poursuivent les voitures
Dans les chemins perdus, loin des manufactures.
Ah ! l'enfant que je plains, c'est celui qui pâlit
Dans un taudis de ville où la fange salit,
Gluante, immonde, obscure, et son corps et son âme,
Au milieu des ferments de la débauche infâme.
La fleur des champs prospère et se passe de soins.
Dans le jour, sous le ciel, parmi l'odeur des foins,
Le haillon même rit, exempt d'ignominie,
Fièrement il se mêle à la grande harmonie
Où la poussière prend cet aspect fauve et sain
De la blonde farine à la croûte du pain.

Se rouler en pleine herbe, ou bien, l'œil dans l'espace,
Suivre nonchalamment le nuage qui passe
Et le chant monotone et plaintif du coucou ;
Puis se lever, soudain, s'élancer, ivre et fou,
Au gré d'un papillon ou d'une libellule,
Vers le bois bourdonnant où l'insecte pullule
Et rase les fossés aux tendres floraisons,

Où le loriot chante, où, selon les saisons,
On cueille la noisette, ou la fraise, ou la mûre,
Et descendre en sifflant le ruisseau qui murmure,
Y pêcher l'épinoche aux écailles de feu
Et sortir du bois sombre et revoir le ciel bleu;
Aller, aller, se croire aux confins de la terre,
Quand le chemin finit, soudain, dans le mystère;
Revenir le cœur libre et la main dans la main,
Près de l'aïeule au nid; recommencer demain.
Tels, dans la liberté sereine et l'innocence,
Coulèrent les beaux jours de leur première enfance.

Plus tard Jeanne courut, pieds nus, par les chemins,
Folâtrant, et sans plus songer aux lendemains
Que les papillons bleus et que les sauterelles,
Laissant flotter au vent les boucles naturelles
De ses cheveux touffus et libres du réseau,
Jetant à l'air charmé ses gais refrains d'oiseau,
Car le jour n'avait point, alors, d'heures sévères.
Elle allait, dans les prés, cueillir les primevères,
Étourdiment, chasser l'étourdi hanneton
Et, le long de l'étang, son mouchoir de coton
Enflait ses plis battants comme de vives ailes,
Lorsqu'elle poursuivait les vertes demoiselles
Qui, rapides, frôlant les menthes, les roseaux,
Mêlent leur frisson bref au long frisson des eaux.
Elle allait bondissant dans les fleurs du rivage,
Sous l'azur du grand ciel, rieuse et plus sauvage
Que les buissons poudreux des rudes églantiers
Semés par le hasard au bord de nos sentiers.
Plus brune qu'un criquet dans son corps svelte et maigre,
A peine elle effleurait le sol d'un pied allègre.

Et quand l'âpre soleil mordait la plaine d'or,

Par les sillons brûlés, on la voyait encor
Courir effrontément en tête des glaneuses,
Lutin bronzé parmi les gerbes lumineuses,
Se retournant avec un rire étincelant
Vers celles qui marchaient d'un pas boiteux ou lent,
Non méchamment, mais par folle humeur du jeune âge.
Ah! comme Jeanne aimait les beaux jours de glanage!

Dans quelle gloire immense, ardent soleil d'été,
Dans quel rayonnement de sereine fierté,
Tu regardes enfin ta grande œuvre accomplie!
La plaine, à l'infini de richesses emplie,
T'adore et te bénit dans l'orgueil maternel;
Tu vois se dérouler, sous ton œil éternel,
Les javelles sans nombre au milieu des éteules,
De tous côtés surgir des villages de meules
Et ton triomphe, à toi, c'est la fête des blés!
Mais c'est trop peu des biens dont tu nous as comblés
Et dont regorgeront les granges jusqu'au faîte;
Tu veux que la splendeur soit aussi de la fête,
Et, sur la terre ouvrant ton plus riche trésor,
Tu verses à plein ciel tes avalanches d'or.
Et le pauvre sourit, car il n'est rien au monde
De plus beau sous l'azur que la campagne blonde,
Lorsqu'elle se repose en un demi-sommeil
Avec sa moisson fauve étalée au Soleil.
Le pauvre oublie alors l'horreur des froides veilles.

Or, Jeanne s'enivrant à ces pures merveilles,
Ravie et voletant comme un vif oisillon,
Dérobe, çà et là, l'épi d'or au sillon,
Sans que jamais son pied léger cloche ou s'empêtre,

Quand, au bord d'un chemin, le vieux garde champêtre,

Que l'âge et la fatigue ont fait un peu perclus,
S'arrête, et, s'asseyant sur un herbeux talus,
De sa voix enrouée aux notes caverneuses,
Levant sa fourche haute, appelle les glaneuses ;
Respectueusement vers l'imposant chapeau,
On les voit arriver comme un poudreux troupeau,
Dont l'ensemble mouvant sur le fond se profile,
Et sur le gazon vert se ranger à la file.
Mais loin de s'accroupir, le menton dans la main,
Jeanne bondit encor sur le fauve chemin,
Comme un chevreau joyeux qui boit de la lumière.

On repartait bientôt, et, toujours la première,
Alerte, elle glanait jusqu'à la fin du jour.
Le garde ayant donné le signal du retour,
Le front toujours chargé de la plus lourde glane,
Par les champs hérissés et par la route plane,
Elle s'en revenait sans songer à s'asseoir,
Et c'était en chantant dans la brume du soir,
Qu'entraînant sur ses pas une ardente poussière,
Elle posait le pied au seuil de sa chaumière.

Hélas ! l'hiver venait, et le pauvre aux abois
S'en allait tristement ramasser dans les bois
Des rameaux desséchés pour réchauffer son âtre,
Seul bien que lui laissât la nature marâtre ;
Mais, tandis que l'oiseau, n'ayant plus de chansons,
Grelottait sous les toits hérissés de glaçons,
Que lourdement tombaient, des cieux noirs et lugubres,
Au village engourdi, les brouillards insalubres,
Froids linceuls de frimas qui vont traînant des pans
Livides et chargés de miasmes rampants,
Alors que l'arbre dresse un squelette de branches
D'où le morne corbeau, sur les campagnes blanches,

Promène en croassant un regard attristé,
L'enfant, gardant toujours l'immuable gaîté,
Derrière elle laissait dans son joyeux manège,
L'empreinte de ses pas se jouer sur la neige,
Poursuivait les pinsons et les moineaux pillards,
Et jetait des boulets de neige aux jeunes gars;
Et si rentrant, les doigts tout bleuis par l'onglée,
Dans la sombre chaumière à la vitre aveuglée
Où le givre figeait ses pâles camaïeux,
Elle apparaissait, vive, et le plaisir aux yeux,
Faisant vibrer sa voix au timbre d'or sonore,
Le logis s'éclairait d'une lueur d'aurore.

VIII

LA BRIQUETERIE

Ce jour-là, dès l'aurore, à l'heure où le soleil
Faisait sur les champs nus poindre son front vermeil
Qui, noyé dans des flots de pourpre, vibre et bouge,
Mouillé de brume et plus frémissant qu'un fer rouge ;
Sous le dôme infini de l'éther argentin,
Jeanne suivait la route, aux fraîcheurs du matin
Mêlant l'âpre verdeur de son printemps sauvage.
L'aigre clairon des coqs sonnait dans le village,
Qui, sourd à cet appel, dormait : les blés enclos,
Le paysan pouvait prolonger son repos.
Aux vergers le brouillard faisait tomber les prunes,
Et la terre montrait des déchirures brunes
Aux endroits où le soc lui laboure le sein.
Parfois le pas de Jeanne effarait un essaim
D'oiseaux qui s'envolaient sur la meule voisine.
L'Espérance, oiseau bleu, chantait dans sa poitrine.

C'est ainsi que l'enfant marchait, et ses regards
Voyaient un toit de grange avec de grands hangars,
Dont le voile de l'air augmentait le volume,
A chaque pas saillir un peu plus de la brume.
Et c'était le manoir bien connu de Thomas,
Avec ses trois portails, son pittoresque amas
De paille et de fumier sous les noyers énormes,
Et derrière, à l'abri d'un sombre massif d'ormes,
Son jardin aux pruniers chargés de perdrigons.

Voici qu'un des portails a crié sur ses gonds.
— Jeanne tressaille et jette un regard plus farouche, —
Car un être hideux et difforme en débouche :
Une façon de rustre au front bas, au pas lourd,
Se dandinant avec insolence, au col court
D'où s'échappent des bras qui ballent loin du torse,
Et dont le corps trapu, sur une jambe torse,
S'approche, la poitrine et le ventre en avant.
Dans l'éblouissement des rayons du levant,
Un vermillon aigu sur le manant s'allume,
Et, sur le fond plus sombre, émergeant de la brume,
Sa face illuminée, à cet éclat vermeil,
Semble une parodie immonde du soleil.

La fillette sait bien que cette rouge hure
Ne passera jamais sans vomir une injure ;
Mais elle se redresse en assurant son pas.
Elle frémit d'horreur, mais de frayeur, non pas !
Elle s'écarte un peu, se tenant sur ses gardes,
Car il criait déjà : « Comme tu me regardes,
« Fille de rien ! Où vont tes pas ensorcelés ?
« Quel jupon ! quel bonnet ! où les as-tu volés ?
« Coquine qui courais naguère sans chemise
« Sur tes vilains pieds nus, comme te voilà mise !

« Toi qui n'avais pas même une loque à la peau,
« Nous allons donc bientôt te voir porter chapeau?
« Qu'as-tu dans ce panier? Ah! sans doute il recèle
« Quelque drogue d'enfer que ta sorcière Angèle
« A mise entre tes mains pour nous jeter un sort;
« Cours, je t'attraperai, noiraude, et sans effort! »

Jeanne, en effet, courait comme une jeune chèvre.
Le rustre ayant encor l'injure sur la lèvre,
En un clin d'œil, put voir l'adorable lutin
Renverser son col souple et son minois mutin,
Allonger ses dix doigts sur son petit nez d'ange,
Tandis que vivement jouait chaque phalange,
Et que ses yeux mi-clos scintillaient plus ardents,
Lui jetant, par l'air pur, un rire aux blanches dents
Qui laissa dans le jour un vif et clair sillage.

Le gars en grommelant marcha vers le village.
Or, c'était Thomas Deux, fils de Thomas Premier,
Partout considéré comme un riche fermier.

Cependant Jeanne était moins libre en son allure
Que d'habitude, ayant sur sa frêle encolure,
Les brides d'un bonnet fraîchement empesé,
Sur sa poitrine un grand mouchoir jaune croisé,
Puis un jupon trop long dont les plis de flanelle
Battaient ses pieds plus lourds sur leur neuve semelle.
Et pourtant elle allait d'un pas vif et joyeux,
De sa robe frôlant les chardons. Dans ses yeux
Que balançait sa marche au flexible équilibre,
Rayonnaient les reflets de la campagne libre.
Elle allait; son ardeur dévorait le chemin;
Ses avides regards, que protégeait sa main
Contre l'éclat trop vif des brumes allumées,

Erraient parfois, sondant les lointaines fumées,
Comme ceux des oiseaux voyageurs aux affûts,
De ci de-là, cherchant, parmi les bois touffus,
Quelque maigre clocher dont l'aiguille exiguë
Déchirait l'horizon de son ardoise aiguë.
Le clocher grandissait, lentement, les maisons
Avec leur brique rouge émergeaient des gazons,
Et, tel qu'une flottille arrivant au mouillage,
Vers elle elle voyait avancer le village.
Elle en disait le nom sans cesser de marcher,
Fixant ses yeux chercheurs sur un autre clocher.
Elle allait, elle allait, elle avait fait trois lieues,
Mais elle était encor loin des collines bleues
Qui reculaient toujours et lui cachaient Vimy.

Alors, comme, la nuit, elle avait peu dormi,
De ce sommeil d'enfant si profond d'habitude,
Se sentant, tout à coup, prise de lassitude,
Séduite par le vert talus tout tapissé
D'herbe rase et de fleurs, qui, le long d'un fossé,
Côtoyait le chemin, et se voyant bien seule,
Elle alla se coucher à l'ombre d'une meule,
Sur l'herbe encore fraîche, et, partout alentour,
Les champs à l'infini resplendissaient de jour,
Et ses sens s'égaraient vers les profondeurs blondes
Où quelques toits lointains miroitaient dans les ondes
De la chaleur, tremblants et comme en fusion,
Puis ils perdent jusqu'à leur vague attention,
Car Jeanne vagabonde au hasard dans son âme.
A l'ombre de ses cils, sous leur soyeuse trame,
Ses grands yeux noirs, vaincus, se ferment alourdis,
Puis insensiblement ils flottent engourdis
Dans une nuit que rend vermeille la paupière
Au sang pur, traversé d'une douce lumière.

Jeanne dort. Elle semble heureuse de dormir.
On entend son haleine, à temps égaux, frémir.
Sur sa tête son bras s'arrondit en arcade,
Et sa bouche, entr'ouverte ainsi qu'une grenade,
S'empourpre, épanouie au souffle calme et pur.
Son teint d'ambre se nacre au baiser de l'azur.
Jeanne dort étendue immobile et muette
Dans le silence où chante une seule alouette.
Sereine, elle sourit à cet hymne de l'air,
Comme alentour, au ciel, sourit le grand jour clair.
Tel, dans l'Éden naissant, le premier sommeil d'Ève
Ouit des chants d'oiseaux se mêler à son rêve.
Pour l'enfant endormi l'obscur est transparent,
Et ce que l'oiseau chante, en rêve, il le comprend.
Ainsi Jeanne saisit des paroles ailées
Où nous n'entendrions que des notes perlées :

« *Tiori-ô-ti-ri ;*
« *Que la plaine est immense,*
« *Et comme au loin tout danse*
« *Et s'anime à mon cri !*
« *Tout s'anime et je plane*
« *Sur la tête de Jeanne,*
« *Tiori-ô-ti-ri.*

« *Jeanne est belle endormie*
« *Sur le tendre gazon,*
« *Quand, loin de la maison*
« *Et loin de son amie,*
« *Bruno le briquetier*
« *Fait son rude métier,*
« *Jeanne est belle endormie*

« *Bruno, Bruno, Bruno,*
— *Gazouillait l'alouette* —
« *En poussant sa brouette*

« *Vers le rouge fourneau,*
« *A la briqueterie,*
« *Songe que Jeanne crie:*
« *Bruno, Bruno, Bruno!*

« *Moi qui suis dans la nue,*
« *Jeanne, je vois Vimy*
« *Qui se cache à demi*
« *Sous sa montagne nue;*
« *Ton cœur, jeune étourneau,*
« *Bondit près de Bruno.*
« *Moi je suis dans la nue!*

« *Jeanne, Jeanne, ma sœur,*
« *Jeanne, Jeanne alouette,*
« *Crains plus que la chouette,*
« *Que le plomb du chasseur,*
« *Crains plus que tout au monde,*
« *Crains, crains Thomas l'immonde,*
« *Jeanne, Jeanne, ma sœur.*

« *La vieille Angèle prie,*
« *Tiori-ô-ti-ri,*
« *Au manoir ton abri*
« *Que le ciel te sourie!*
« *Tiori-ô-ti-ri,*
« *Tiori-ô-ti-ri,*
« *La vieille Angèle prie.....* »

De sa voix argentine et pleine de douceur,
Que de choses encor dit cet oiseau jaseur!
Mais la fin de son chant ne fut point entendue.

Jeanne s'éveille enfin par un rayon mordue,
Car la meule déjà ne la protège plus,
Le chaud soleil gagnant le plantureux talus.

Jeanne se disposait à reprendre sa course,
Lorsqu'elle entend, non loin, une invisible source
Germer en gazouillant son babil souterrain
Dans un pré vert et frais, car il est riverain
De la Souchez. Ici le sol s'enfle, s'incline,
Puis se relève et va, de colline en colline,
De degrés en degrés, jusqu'au mont de Vimy.
Or Jeanne, reposée, a le pas raffermi.
Prise d'ardente soif, elle s'est approchée,
En écartant les joncs, de la source cachée
Qui babille, tout bas, à l'ombre d'un buisson,
Dans un tapis touffu de menthe et de cresson.
Dans le frémissement des roseaux qu'elle frôle,
Par sa main soutenue à la branche d'un saule,
— O fraîcheur cordiale! ô pure volupté! —
Jeanne dans la chaleur brûlante de l'été,
Palpitante au soleil, avidement se couche,
A l'eau vive collant sa rouge et vive bouche.
Elle boit longuement.

     Elle descend le pré
Où court, presque invisible, un sillon azuré
Qui, parmi le gazon, emporte à la rivière
Cette source discrète, à demi prisonnière
Entre les hauts brins d'herbe aux fins épis tremblants.
Et l'enfant, ayant mis à nu ses pieds brûlants,
Y marche vers un bois où des aunes très sombres
Et des ormes obscurs épaississent leurs ombres.
La rivière endormie y coule indolemment,
Et Jeanne la regarde avec ravissement.
Un air tiède, imprégné de parfums, y circule.
Dans le calme serein, pas une libellule
Qui frissonne et pas même un ramier qui gémit.
Dans les trembles, plus loin, seul, le vent doux frémit.

Par le charme vaincue, alors l'ardente fille,
Dégrafant son jupon, vive, se déshabille;
Et, sous le caressant sourire de l'été,
Dans sa gloire apparait sa chaste nudité.
La rivière tranquille, à l'abri des surprises,
Reflète la longueur de ses formes exquises.
Jeanne y plonge son corps nerveux et frémissant;
Froide ceinture, l'eau presse son sein naissant.
Elle bondit, se tord, se secoue et replonge,
Son bras ferme s'étend, se replie et s'allonge,
Et ses libres cheveux, battant son dos ambré,
Perlent de gouttes d'eau son rein souple et cambré.
Ici tout est fraîcheur.

   A la briqueterie
Tout est feu. Le soleil, exaltant sa furie,
Sur ce champ de travail aux rayons acérés,
Brûle les journaliers par la soif dévorés,
Entre l'azur farouche et la rouge fournaise.
Le passant du chemin se sent pris de malaise,
Rien qu'à voir haleter ces sombres travailleurs;
Il détourne les yeux et les promène ailleurs.
Et pourtant ce spectacle a sa beauté terrible
Faite de l'âpreté d'une chose inflexible.
Harcelés sous les dards du soleil en courroux,
Ces hommes, dans l'argile, uniformément roux,
Se mouvant, calcinés, plus rugueux que leurs briques,
Sont superbes, étant humblement héroïques.
Leur poitrine qui boit de la flamme au lieu d'air,
Ne se révolte point. Du fond de cet enfer
Ils regardent le ciel, et leur cœur rude et sobre
Fait son épargne aussi pour les heures d'octobre
Qui rendront la famille et son bonheur discret,
Les dimanches joyeux, les chants du cabaret

Et les éclats bruyants de la folle marmaille.
En attendant ces jours, l'homme sue et travaille.
Le décor est aride et le drame muet :
Là pas de gai pavot ni de tendre bluet
Dont l'or fauve des blés à la moisson foisonne ;
Tout est morne et sévère, et le sol emprisonne,
Élevant à l'entour une épaisse cloison,
Le travailleur dont l'œil ne voit pas l'horizon.
Dans un grand champ carré, creusé jusqu'à l'argile,
Immobile des pieds, des bras toujours agile,
Automate tordant ses reins sans s'arrêter,
Tendant les mains au faix que l'on vient de jeter,
Le rejetant soudain à son voisin de chaîne,
Sans desserrer les dents, chaque homme est à la peine,
Exténué, funèbre, entre un double brasier,
Le soleil et le four. L'âpre soleil d'acier
Creuse tragiquement les traits couverts de bistre
Des ouvriers qu'il mord de son baiser sinistre
Sur les flancs étagés des fours incandescents.
Comme il fait clignoter, aveuglés, grimaçants,
Couverts d'une sueur que la poussière souille,
Ceux qui, dans le foyer, versent des tas de houille
Ou ceux qui, dur labeur ! opiniâtrément,
Exhaussent alentour les bords du four fumant
Où s'étouffe, aux rayons, la flamme sombre et lourde
Sous le livide azur de l'immensité sourde.

Rouges et bruns au feu qui calcine les murs
Dont les angles hardis découpent leurs flancs durs,
Solidement assis sur leurs bases en crypte,
Ces grands foyers, pareils aux vieux palais d'Égypte,
Regardent à leurs pieds s'étendre les séchoirs
Sous des nattes de paille, avec de longs couloirs
Percés de mille trous où le vent passe à l'aise,

Où la brique durcit attendant la fournaise,
Car elle éclaterait si, des mains du mouleur,
On l'exposait humide à l'intense chaleur.

Là-bas, est l'ouvrier qui jette dans le moule
Le ciment fraîchement pétri que sa main foule.
Une femme, aussitôt, rapide, tend les bras,
Saisit le moule lourd, se tourne, fait trois pas,
Et, sur le sable fin qu'un vif enfant nivelle,
Elle se penche et pose une brique nouvelle.
Puis elle s'en retourne et s'en revient sans fin,
Avec le moule vide, avec le moule plein,
Monotone travail qui toujours recommence
Et toujours et toujours... et les sœurs en démence
Qui remplissent en vain leurs amphores sans fond
N'ont pas dans les enfers un ennui plus profond.

Dans un morne enroûment de sourde girouette,
A temps égaux, gémit et crie une brouette,
Intermittent sanglot de l'éternel parcours
Qu'elle suit des séchoirs à la base des fours.
Elle est vieille, et l'argile y met sa rouille rousse;
On dirait qu'elle chante à Bruno qui la pousse
De ce lieu désolé le lamentable ennui.
L'alouette a bien vu, le brouetteur, c'est lui !
Bruno, le brave gars, un vrai fils de la Gaule !

La croissance le voûte un peu, mais son épaule
Est large, son profil très ferme et bien écrit,
Et, comme les épis que le soleil mûrit,
Ses cheveux blondissants ont des touffes plus blondes
Qui, sur le cou bruni s'assouplissant en ondes,
Se dressent sur le front dans un hérissement
De révolte superbe, et certes vainement

On briserait le peigne à dompter ces rebelles.
Il a la bouche forte et douce et les dents belles
Et les yeux clairs où brille un charme qui surprend.
Dans sa taille moyenne et souple il paraît grand.

Quoique ses larges mains se plaisent à l'ouvrage,
Le pauvre garçon souffre. Il n'a plus le courage
De vivre ainsi longtemps sans se sentir aimé.
Hélas ! le cœur de Jeanne est comme un lis fermé.
Que sera-t-il pour elle ? Un camarade... encore
S'ils étaient frère et sœur ! Elle est folle... il l'adore.
La petite prend-elle au moins garde à ses soins ?
A-t-elle remarqué s'il boudait dans les coins ?
Dans la cour, au jardin, elle éclatait de rire,
Alors qu'il eût voulu, d'un mot tendre, lui dire
Son ennui. Mais l'oiseau, c'est fait pour la chanson !
Dans le village on dit que Jeanne est un garçon :
Et quel garçon ! Thomas l'appelle garçonnaille !
Il est vrai que toujours la mutine se raille
Un peu de tout. Son cœur, par instants, semble dur.
Puis elle est imprudente ; elle escalade un mur,
Rien que pour dérober une branche d'érable.
Par malheur, ses défauts la rendent adorable.
Une fois, une seule, il l'avait fait pleurer ;
Alors il s'était mis à se désespérer,
Lui demandant pardon et s'accusant lui-même.
Il disait : « Je le jure, il faudra qu'elle m'aime ! »
Et puis le lendemain : « Non, je la veux haïr ! »
Tandis que, sans laisser un souci se trahir,
Jeanne allait, se jouant, moqueuse et mignonnette,
Indifférente comme une bergeronnette.

Dans cet enfer de feu, voici bientôt trois mois
Qu'il regrette sa Jeanne, et l'aïeule, et les bois,

Le bois surtout qui fut leur Éden. Sa nature
A gardé des Gaulois la soif de la verdure.
Ces bois ne sont pas tels que les hautes forêts
Dont le mystère obscur est plein d'effrois secrets,
Où l'éblouissement des claires transparences
Rend plus sombres encor les verdures intenses ;
Où le houx noir, criblé de paillettes, reluit,
Où, sur les troncs d'argent, rayonnent dans la nuit
Des éclats suraigus de lumière électrique
Fulgurants à travers le grand silence épique.

Ce sont de tendres bois mêlés à des marais,
Où circule, aux beaux jours, un souffle égal et frais,
Où se déroule, sombre et lente, la rivière ;
Où les fourrés sont doux ; où la vive clairière
Frémit au vent léger qui court dans les roseaux,
Au bourdon de l'insecte, au froufrou des oiseaux ;
Verdiers, grives, pinsons, loriots, hirondelles
Qui passent, unissant, à ces bruits, leurs bruits d'ailes ;
Où pullule au soleil un monde de têtards
Dans l'étang constellé de ses blancs nénuphars ;
Où le docus sauvage élève ses ombelles
Et l'aira ses épis, végétales dentelles,
Parmi l'épais fouillis des ronces et des fleurs ;
Où le saule argenté, tout ruisselant de pleurs,
Pleut sur le liseron à la folâtre étreinte ;
Où le ramier redit sa somnolente plainte,
Où tout est volupté dans l'arbre et sur le sol.
Qu'elle était douce l'heure où l'ardent rossignol,
Perdu dans l'épaisseur des cimes embrasées,
Jetait, par le couchant, ses perles en fusées !
Près des blés qu'un dernier rayon rasait encor,
Alors s'embrunissait, dans une poudre d'or,
La lisière des bois sur les profondeurs bleues.

Vers la berge, déjà, les sveltes hochequeues
Allaient, ralentissant leur frêle balancier,
Se blottir et frôlaient les buissons du sentier
Où la vache, au retour, berçait sa nonchalance.
Et, sous les bruns taillis pleins de sombre silence,
Laissant briller encore au loin leurs diamants,
Croupissaient, mi-perdus, les longs fossés dormants.

Sur quelque endroit secret que son souvenir plane,
Dans ces prés, dans ces bois, partout rayonne Jeanne,
Ici, petite avec de grands yeux éveillés
Scintillant à travers ses lourds cheveux brouillés
Qu'éparpillait le vent joyeux en folles tresses.

En ce temps, elle avait des élans de tendresses
Qu'elle apaisait, soudain, dans un large baiser,
— Lorsque, sur les foins mûrs, ils s'en venaient jaser
Dans cet emportement naïf d'ange qui joue,
Baiser sonore et pur et si bon à sa joue,
Que Bruno pense encore en goûter la douceur,
Bien qu'hélas! ce ne fût qu'un frais baiser de sœur.

Plus loin, Jeanne est plus grande, et sa taille s'allonge.
C'est toujours la sauvage enfant, mais son œil plonge
Plus avant dans l'espace et cherche, à l'horizon,
Cette lueur qui va devenir la raison,
Et qui, déjà, frappant son regard et sa bouche,
Y modèle un accent plus ferme et plus farouche.

Qui n'a vu l'oiselet sans plume, dans son nid,
Pour qui le monde entier à sa branche finit,
Sous le voile vermeil de sa paupière close,
Bien tranquille et joyeux, tendre un petit bec rose
Au premier dénicheur qui passe aux environs?

Mais bientôt le duvet couvre ses ailerons ;
Alors il ouvre un œil inquiet, et sa tête
Hérisse, au moindre bruit, une farouche crête.

Inconscient instinct de son esprit léger,
Jeanne sent vaguement, auprès d'elle, un danger :
Dans le cœur de son frère un sourd levain fermente.

Quand la mouette hésite à braver la tourmente
Que lui présage, au loin, la houle de la mer,
Elle résiste au vent qui pousse au gouffre amer,
Et le pêcheur la croit enjouée et volage,
A la voir se bercer, librement, sur la plage.

Or, Jeanne, qu'avertit l'instinct mystérieux,
A vu, non sans effroi, vaciller dans les yeux
De son ami d'enfance une lueur étrange.
Cela se fit un jour qu'ils jouaient dans la grange
Où flottait le parfum subtil du nouveau blé.
Son cœur n'y comprit rien, mais il fut si troublé,
Qu'elle pressa bien fort ses mains sur sa poitrine,
Et comme Angèle entrait couverte de farine,
Cherchant la pelle en bois pour enfourner le pain,
Jeanne, quoique innocente, alors sentit, soudain,
Comme un grand ouragan qui passait dans son âme.

Depuis Bruno se dit : « Je n'aurai point de femme ! »
Et c'est pourquoi ce gars, dans ces bois regrettés,
Trouve des coins obscurs que, seul, il a hantés,
Pour y mieux endormir ses peines amorties
Ou bien pour y trainer son cœur sur les orties.

Longtemps il promena ses pieds irrésolus
Du marais au manoir, rêveur, n'en pouvant plus
De cet ennui muet, même pour sa grand'mère.

Jeanne oubliait déjà sa terreur éphémère.
Ses chants avaient repris leur printanier entrain.
— L'oiseau du ciel mourrait s'il perdait son refrain,
Et la gaité, pour Jeanne, est plus qu'une habitude.
Seulement, quand Bruno cherchait la solitude,
Il n'était plus suivi, c'était là son tourment.
Jeanne trouvait toujours, tout naturellement,
Un motif pour rentrer au logis près d'Angèle.
Elle quittait alors le gars, qui, sans querelle,
De ses pas ralentis, ne se trainait pas loin
Sur la route; il venait se cacher dans le foin,
Près du lattis où court la svelte clématite,
Et, d'un œil anxieux épiant la petite,
Il savourait le fiel de son secret chagrin.
Il pouvait voir, de là, Jeanne dans le jardin,
Légère, errer des plants de pois aux plants d'oseilles,
Interrompant sa tâche et courant aux groseilles
Dont ses mignonnes dents au merveilleux émail
Furtivement mordaient les grappes de corail
Que défiait l'éclat de ses lèvres pourprées.
Alors Bruno calmait les peines endurées
A l'exquise fraîcheur de ce tableau charmant,
Et ses yeux s'égaraient délicieusement.
A travers le réseau flexible de la treille,
A ses regards troublés, tout devenait merveille.
Il tremblait, tout tremblait, alors, au moindre bruit ;
Un bond de sauterelle ou la chute d'un fruit
Le tirait brusquement de sa profonde extase
Et les objets semblaient osciller sur leur base,
Quand, se croyant surpris, il frissonnait de peur.

Ses yeux, hallucinés par le charme trompeur,
Contemplèrent, un jour, Jeanne dans les ramures
Flottantes d'un mûrier couvert de noires mûres

Que d'un saut la fillette avait escaladé.
Son beau corps se mouvait, long et svelte, inondé
Par le feuillage obscur. Le guetteur solitaire,
Plein de trouble, crut voir, dans le troublant mystère,
Jeanne transfigurée aux magiques rameaux,
A ce point de douter que les fonts baptismaux
Eussent mouillé le front de cette enchanteresse.

Elle avait des façons félines de tigresse,
Amenant les rameaux de son bras arrondi,
De saisir, allongée et le jarret roidi,
Le fruit mûr qui saignait sur sa lèvre entr'ouverte.
Son pur profil, plus brun sous la lumière verte,
Dressait, dans un plus fier et plus sauvage accent,
Ses beaux traits ciselés dans un bronze puissant,
Où les feuilles mettaient une verte patine.

Ses formes n'avaient point la majesté latine.
Elles faisaient songer au ciel oriental,
Aux pays du soleil, de l'ambre et du santal.
Ses prunelles de jais s'enchâssaient dans l'ivoire.
Sous l'arbre ténébreux, sa chevelure noire,
Dans ses nœuds, ondulait, plus sombre que la nuit.
Bruno ne bougeait pas au fond de son réduit
Que le foin embaumait d'une odeur enivrante,
Dans le rêve laissant planer son âme errante.

Tout à coup, il frémit ; dardant des yeux de lynx,
Cet obscur paysan interrogeait ce sphinx :
« O ciel ! se disait-il, cette fille ressemble
« Aux noirs Bohémiens que nous vîmes ensemble,
« Ici, l'été dernier, si sales et si laids
« Qu'ils ont épouvanté tout le Pas-de-Calais,
« Dont les visages sont plus bruns qu'une châtaigne

« Et dont les cheveux bleus n'ont jamais vu le peigne.
« Horreur ! je vois encor ce petit qui pendait,
« Lié par une sangle au ventre d'un baudet :
« Quoique le plus humain de toute sa lignée,
« Il avait vraiment l'air d'une noire araignée,
« Tant sa tête sortait affreuse d'un lambeau.
« Et Jeanne, s'approchant, trouva ce monstre beau,
« Et se penchant vers lui, surprise de tendresse,
« Elle effleura son front de cuir d'une caresse ;
« Si bien que le village en fut scandalisé
« Et que le gros Thomas lui dit d'un air rusé :
« Bâtarde, va, tu peux sans peur baiser la suie
« De ce diable, » et qu'un autre ajouta : « Jeanne, essuie
« Ta lèvre. » Alors Bruno, songeant, pris de frisson,
Que Jeanne avait aimé l'horrible nourrisson,
Ne fût-ce qu'un instant, avait dans les oreilles
Des sifflements aigus, vibrations pareilles
Au cri de la cigale. Et, le soir, il rentrait
Lentement au logis, taciturne, distrait,
Dominant avec peine une humeur irritable.
Il poussait tristement sa chaise vers la table
Et mangeait sans plaisir. Angèle se plaignait,
Disant : « Bruno, tu n'as donc plus d'âme au poignet ?
« Toi si vaillant, jadis, et si dur à la peine,
« Tu deviens fainéant ! manquerais-tu d'haleine ?
« Et le peu que tu fais, encor le fais-tu mal !
« Ce matin, le voisin m'a dit que son cheval,
« Loué par nous, attend, oisif, à l'écurie.
« Va le prendre demain, va, mon fils, et charrie
« Ce fumier qui se sèche et se perd dans la cour.
« Ah ! tes pères étaient bien plus prompts au labour ! »
Et le sombre Bruno, qu'obsédait sa chimère,
Répondait en baissant la tête : « Oui, grand'mère. »
Il avait le cœur lourd de son oisiveté.

Si les garçons raillaient son visage hébété,
Il ne s'en fâchait point, ne se sentant plus brave.
Puis il avait, soudain, des révoltes d'esclave.
Le front illuminé de subites rougeurs,
Impuissant, il jurait, tordant ses bras rageurs,
Tout honteux d'avoir l'âme à ce point affolée,
Que d'être le jouet de cette écervelée.

Un soir, il arriva, très crâne, et dit : « Je pars ! »
— Un éclat résolu brillait dans l'œil du gars, —
Il ajouta : « J'ai lu tantôt, sous la rubrique
« De Vimy, que les bras y manquent pour la brique.
« Je me sens fatigué de végéter ici,
« Je vais, je reviendrai, n'ayez point de souci.
« Je pars, le cœur content, jusqu'au prochain automne. »

Angèle tout d'abord se récrie et s'étonne :
Le travail abondait au bourg, pourquoi partir ?
Il en prendrait bientôt un cuisant repentir.
Sur les manoirs il faut que l'œil d'un homme veille.
Or pouvait-il laisser, seule auprès d'une vieille,
Une enfant ? Et d'ailleurs tout n'était pas profit
A travailler au loin. Que de frais ! Rien n'y fit.
Et l'aïeule pleurait.

          La dispute achevée,
Sans un mot et sans bruit, Jeanne s'était levée
Et se coulait au fond du calme potager,
Doucement, inclinant son col pur et léger
Et sa nuque si souple, ombragée à merveille.
Son long regard plongeant loin par-delà la treille,
Baigné dans la tiédeur odorante du soir,
Sous la nuit des sourcils, brillait humide et noir.
Sa main droite serrait une rose froissée ;

La gauche, sous le sein, étroitement pressée,
Tremblait. « Protège-le, Soleil, il part demain ! »
— Pensait-elle, les yeux tournés vers le chemin
Qui déroulait, là-bas, son ruban de poussière ;
« Soleil, il va quitter la maison nourricière !... »

IX

LE CHAMP DE TRÈFLE

Donc il est à Vimy, ce blond fils de l'Artois,
Courbé sur son labeur, depuis bientôt trois mois,
Poursuivant le combat de la brûlante lice,
Goûtant, dans la rigueur même du sacrifice,
Je ne sais quelle rude et mâle volupté.
Sa nature se trempe aux flammes de l'été,
Et luttant, tout le jour, dans cette arène fauve,
Elle puise au soleil l'âpre vertu qui sauve.
Son cœur n'a pas trouvé la paix de prime saut
Et sa raison repousse encor plus d'un assaut,
Car, sous un front d'airain que le hâle basane,
Il conserve toujours l'ardent culte de Jeanne.
Dans ses yeux, toutefois, par instants, un regain
D'enfantine gaîté reluit. Ardent au gain,
Dans aucun cabaret jamais il ne s'égare.
Parmi ses compagnons il passe pour avare;

Il n'en a point souci. S'il redouble d'élan
Au travail, à l'épargne, il a son noble plan.
Il veut devenir riche, oui! mais c'est pour qu'Angèle
Ait la vieillesse douce et que Jeanne soit belle :
Éblouissants bonnets, rubans et boucles d'or,
Il rêve tout cela pour elle et plus encor...

Et puis il faudra bien que la fillette l'aime!
Le pouvait-elle, alors que, traînard au teint blême,
Dans la fainéantise on le voyait croupir,
Poussant, comme un ramier, son éternel soupir ?
Les filles de nos champs méprisent la mollesse.
C'est ainsi que, craignant les retours de faiblesse
Qui, parfois, dans l'exil attendrissaient son cœur,
Le franc Bruno s'excite à son rude labeur,
En poussant sa brouette aride dont la roue
Sanglote son refrain monotone et s'enroue.

Il est midi. La sieste au silence de mort,
Les yeux lourdement clos, la bouche ouverte, endort
Des groupes allongeant leurs formes étendues
A l'ombre des séchoirs dont les crêtes ardues
Coupent le sol en feu d'un long ruban obscur
Qu'on dirait oublié, par la nuit, sous l'azur.
Ils gisent dans leur pose inerte, inquiétante :
Ainsi, les yeux éteints dans l'orbite béante,
Après l'ardent combat, les cadavres épars
Dorment au pied désert des aveugles remparts.
Ces vaincus du travail demandent à la terre
Un lit rude où puiser un repos salutaire,
Dans l'immobilité du jour silencieux,
Et l'oubli, cet ami des pauvres soucieux.

Bruno n'est point parmi ces gens; son goût agreste

L'entrainant au dehors, il va faire la sieste
Au bord d'un champ de trèfle où de maigres ormeaux
Opposent au soleil quelques grêles rameaux.
Un peu d'herbe, à leur pied, rend la couche moins dure.

Ce trèfle émerge, ainsi qu'un îlot de verdure,
De l'éteule laissée alentour par les blés,
Dont les fétus luisants, de rayons clairs criblés,
Allument dans l'espace un vrai lac de lumière.
Là, Bruno s'est couché, les pieds dans une ornière.
Hier il y vint dormir, il y viendra demain.
C'est que, tout près du champ, passe le gai chemin
Qu'il regarde s'enfuir dans un pâle sillage,
Et qu'il prendra le jour du retour au village.

Lorsque la plaine est nue, ils sont vraiment très beaux,
Ces chemins aux gazons rasés par les troupeaux,
Où s'éparpille encor toute une flore frêle,
Où les lourds papillons de nuit vibrent de l'aile,
En tombant des ormeaux pour neiger sur les fleurs,
Où l'aube des étés répand ses derniers pleurs;
Où, proscrite des blés, l'intrépide cigale,
Ivre encor, fait tinter et frémir sa cymbale
Dans un suprême amour; où l'austère chardon,
Sur l'aile du vent, laisse aller à l'abandon,
De sa tête vieillie et libre de souillure,
En longs flocons soyeux, sa blanche chevelure.
Tels sont ces beaux chemins aux bords touffus et verts,
Quand les champs, alentour, sont chauves et déserts.

Or, Bruno ne dort point aujourd'hui, car son âme
Perçoit, dans l'air subtil, un esprit qui l'affame,
Plus vague qu'un parfum lointain de fenaisons :
C'est cet avant-coureur des nouvelles saisons,

Esprit insaisissable et pourtant énergique,
Qui, pénétrant les sens, charme périodique,
Les fait soudain vibrer de joie ou de douleur;
C'est cet esprit obscur, mais si clair pour le cœur,
Qu'on se demande, alors, si l'aveugle matière
Ne se souvient pas plus que l'humaine lumière.
La Nature, jamais, ne prend d'aspects nouveaux
Sans jeter un grand trouble au fond de nos cerveaux :
C'est encore l'été, mais la chaleur plus ferme,
Un azur plus discret montrent l'automne en germe.
Ce simple fait, groupant des souvenirs épars,
A fait revivre un monde au cœur du jeune gars,
Et soudain il s'écrie : « Ah ! je veux revoir Jeanne ! »
Sa mémoire, aussitôt, tend les ailes et plane
Sur l'ancien bonheur que lui-même il a fui.
Il répète : « Je veux la revoir aujourd'hui ! »

Et, les pieds dans l'ornière et le dos au tronc d'orme,
Bruno voit apparaître, au loin, encore informe,
A ses regards errants dans l'espace endormi,
Un point brun, une mouche à peine, une fourmi,
Cela flotte, confus, car une chaude houle
Palpite à l'horizon comme une eau qui s'écoule.
Bruno, de ce côté, tend son regard subtil :
Ce point mystérieux marche vite : où va-t-il?
Il reparaît, grandi, mêlé de blanc, de jaune.
C'est une fille... et jeune à coup sûr et d'un port,
Dans sa marche rythmée, étonnamment accort.
Or, c'était ravissant de surprendre ainsi, seule,
Une fillette en fleur par le désert d'éteule,
Et, se dissimulant, le jeune briquetier,
Se coulant dans l'ornière, y sombre tout entier;
Un massif de chardons cache sa blonde tête.
Il la voit s'approcher dans ses habits de fête :

O ciel! serait-ce Jeanne?... Il hésite... et, soudain,
Du fond de son ornière, il bondit comme un daim.
« Jeanne! » c'est le seul mot qu'en son ivresse il crie.
Elle, se retournant, accourt, tout ahurie,
Et sa bouche ne jette aussi qu'un nom : « Bruno! »
Jumelles voix d'argent dont le sonore écho
Redit, sous le soleil, la note printanière
Qui vibre et se prolonge au loin dans la lumière.
Et Bruno, secouant le cruel embarras
Qui l'empêchait jadis, enlace dans ses bras
Jeanne qui, libre aussi de ses vagues alarmes,
Frémit sous ses baisers mouillés d'ardentes larmes,
Car le bonheur suprême et les grandes douleurs,
Trop prompts à s'épancher, ne trouvent que des pleurs.

Oui, c'est elle! sa Jeanne! Il la touche, il l'acclame!
Et, les yeux grands ouverts, et grande ouverte l'âme,
Il la sent pénétrer son être et vivre en lui.

« Non, je ne durais plus, je partais aujourd'hui,
Lui dit-il, et voici que tu me viens toi-même! »
« Nous avions nos cœurs pleins d'inquiétude extrême,
Reprend Jeanne, et grand'mère enfin m'a dit, hier soir :
« J'ai vu Bruno bien triste en rêve... va le voir,
« Car, pour faire un chemin si long, je suis trop vieille. »

« Puis, au départ, elle a mis dans cette corbeille
« Une galette avec un flacon de liqueur.
« Ce matin, au réveil, comme il battait, mon cœur!
« Plus j'approchais d'ici, plus il battait de joie!
« Mais tiens-toi donc tranquille, au moins, que je te voie!
« Comme te voilà brun, et robuste, et plus grand,
« Et plus... beau! Mon Bruno, chez nous nul ne comprend
« Ton si brusque départ... C'est vrai, j'étais méchante;

« Oh ! bien méchante, va ! J'avais peur ! Quand je chante,
« Sais-tu que, depuis lors, c'est pour ne pas pleurer ?
« Je suis méchante, oui ! Je ne puis endurer,
« Sans vengeance, de voir Thomas jeter l'injure,
« L'infâme, aux pauvres gens pour qui la vie est dure ;
« Mais méchante pour toi !... Reviens à la raison.
« Rapporte le soleil dans la triste maison.
« La grand'mère aussi pleure... Elle n'est plus solide,
« La pauvre âme !... Ah ! combien notre manoir est vide ! »

Bruno joignait les mains comme pour l'adorer.
Il restait là, muet, toujours à dévorer,
De ses yeux éblouis que le charme écarquille,
Le merveilleux minois de ce beau brin de fille,
Et l'oreille enchantée au timbre de sa voix.

Se peut-il que l'on change à ce point en trois mois !
Sans doute, chez Bruno, la mémoire altérée,
A force d'y songer, l'avait défigurée,
Car il ne savait pas tant de souple rondeur
A son col délié, ni tant de fauve ardeur
Dans ses yeux où la nuit laisse briller de l'ambre.
Elle est plus svelte encor ; sa taille, qui se cambre,
Sur sa hanche plus forte ondule mollement.
Son âpre lèvre a pris la rougeur du piment.
A l'abeille éveillée enfin la nymphe cède.
Le village, à présent, ne la dira plus laide,
Car Jeanne est arrivée à l'âge glorieux
Où le charme au soleil chante victorieux,
Et met un nimbe ardent au front pur de la vierge,
Où du bouton ouvert la fleur première émerge ;
Age d'or et d'azur qui mêle, triomphant,
Les splendeurs de la femme aux candeurs de l'enfant.

Bruno croit respirer un arome sauvage,
Source d'ivresse comme un capiteux breuvage.
Mais Jeanne est si naïve en son pudique aspect,
Qu'il se sent dominé par un fervent respect.

Il se calme et lui dit : « Sur cette herbe fleurie,
« Assieds-toi ; tu vois bien cette briqueterie,
« C'est la nôtre. J'y cours, et, dans quelques instants,
« (Au diable le travail !) je te retrouve, attends. »

Il reparait bientôt, en effet, il arrive
En disant : « Jeanne, viens, ta faim doit être vive.
« Viens là-bas dans le bourg : un calme cabaret,
« Tenu très proprement, offre un abri discret,
« (Car on le voit toujours très désert à cette heure)
« Où tu pourras trouver du pain, du lait, du beurre
« Qui réconforteront tes membres fatigués.

« La route m'a fourni les sources et les gués
« Pour boire, reprend Jeanne, et dans une jachère,
« A l'ombre d'un tilleul, j'ai fait très bonne chère
« D'un petit pain mêlé de seigle de de froment.
« Aux lisières des bois, d'ailleurs, à tout moment,
« Aux crêtes des fossés pleins de folles ramures,
« Pendaient, tout noirs de fruits, de longs buissons de mûres
« Où s'abattaient, jaseurs, gourmands et guillerets,
« Des verdiers, des pinsons et des chardonnerets
« Sautant, rebondissant dans leur courte volée,
« Et, comme les oiseaux, je me suis régalée. »

Et, Jeanne reposée, ils vont à travers champs,
Enlacés côte à côte, heureux, leurs fronts penchants
Inclinés l'un vers l'autre afin que leurs pensées
Soient, dans le cœur ami, plus aisément versées.

Ils glissent doucement, l'œil dans l'âme, au hasard,
Frôlant les liserons d'un pied lent et traînard,
Et parfois arrêtant leur idée absorbée
Au brusque avènement d'un brillant scarabée
Qui, pris de peur, s'effare et redouble d'essor
Dans sa course boiteuse : un mince filet d'or,
Sous ses élytres verts, émeraudes de l'herbe,
Découvre la splendeur de son ventre superbe.
Ils se disent des mots simples, indifférents.
Leurs cœurs vont au hasard comme leurs pas errants ;
Mais, dans la douce extase où s'égare leur âme,
L'innocence les sauve. On peut, laissant la rame,
Sous le vent calme et pur d'une clémente mer,
Se livrer, sans danger, aux longs flots d'outremer :
Tels, dans l'imprévoyance, ils vont à la dérive,
Désirant ne jamais apercevoir la rive
Et n'ayant pour seul but que le prolongement
De ce rêve d'élus, de ce ravissement
Qui berce leurs cœurs pleins d'ineffable accalmie.

Puis, tel que dans la plaine immobile, endormie,
Un vent soudain qu'éveille un secret aiguillon,
Emporte sous l'azur son fauve tourbillon
Tournoyant vers le ciel dans sa chaude spirale,
Tel au cœur de l'heureux Bruno, par intervalle,
Un tourbillon d'amour se lève et, s'exaltant,
Monte en trombe enflammée à son front palpitant.
Sa voix émue, alors, résonne plus vibrante
Ou bien tremble, confuse, à peine murmurante.
Puis calmé de nouveau, tant mobile est le cœur,
Dans la femme adorée il retrouve la sœur,
Il retrouve l'enfant. On cause du village ;
Les mots sautent, rieurs, dans un clair babillage.
Jeanne raconte, elle est belle d'entrain moqueur :

— C'est le chantre ayant bu qui, tombé dans le chœur,
A dit à son curé, de son épaisse langue :
« Relevez-moi, puis vous ferez votre harangue ! »
Pour le punir, avant quatre mois accomplis,
Le curé lui défend de mettre son surplis.
Il fallait voir, alors, combien il était drôle,
Lui dont la vanité ne quittait pas son rôle,
Bien qu'il se démenât comme un diable d'enfer,
Son dos frottant la dalle et ses pieds fauchant l'air.

— C'est Claire, c'est Anna, Bruno le sait, des gueuses,
Qui venaient, l'autre jour, au milieu des glaneuses,
Non plus sous des haillons en lambeaux, pour glaner,
Mais, dans des falbalas pompeux, se pavaner,
Et ne rougissant pas, les sottes péronnelles
(Car ça craint le soleil), de tendre des ombrelles.
Dieu ! comme on les huait de rires et de cris
Dont elles n'iront point se vanter à Paris !
— Puis enfin c'est la plus étrange des nouvelles,
Voici : Jeanne était seule à lier des javelles,
Les autres moissonneurs, ayant abandonné
Leur travail, s'en étaient allés vers le dîné ;
Et tandis qu'acharnée à terminer sa tâche,
La pauvrette liait les gerbes sans relâche,
Elle avait vu, soudain, apparaître à ses yeux,
Auprès d'elle, une dame au charme merveilleux,
Très sombre sur les blés enflammés de lumière.
Ses prunelles de jais, sous leur large paupière,
Arrêtèrent longtemps leurs regards obstinés
Sur l'enfant dont les yeux se troublaient, fascinés.
A la chaleur passant dans l'air bleu par bouffées,
Au plein midi tout dort, et l'on dit que les fées
Aiment ce grand silence où chante le grillon.
Or, Jeanne, vaguement, pensait à Cendrillon,

Car plus loin, sur la route, un superbe carrosse
Est arrêté. L'évêque, alors qu'il tient sa crosse,
Est moins majestueux que, son fouet à la main,
Le cocher. Les chevaux piaffaient sur le chemin,
Ruisselant de sueur, secouant leur écume,
Et dans le ciel de flamme et sur les fonds sans brume,
Midi brûlant et lourd épandait sa torpeur.
La dame a dit : « Venez, Jeanne, n'ayez point peur,
Je t'aime ! » Et de ses bras qui l'avaient enlacée
Jeanne s'était sentie ardemment embrassée.
Elle resta stupide... et, de ses yeux troublés,
Vit l'attelage fuir, tout noir, parmi les blés.

X

A LA BELLE ÉTOILE

Ils allaient par les champs, par les plaines discrètes,
Gravissant les talus, s'asseyant sur les crêtes,
Seuls dans la liberté, seuls sous le ciel ami.
Le soir les vit encore au sommet du Vimy,
Ayant, du frais gâteau trouvé dans la corbeille,
Fait un joyeux souper à la lueur vermeille.
Ils étaient mollement sur un tertre étendus.
Leurs humides regards, par l'espace perdus,
Dans le divin repos d'une heure enchanteresse,
Erraient tout imprégnés de muette allégresse.
Jeanne croyait sentir son âme s'entrainer,
Comme une aile légère, et doucement planer
Et fuir là-bas, là-bas, vers les profondeurs bleues
De ces clairs horizons qui flottaient à vingt lieues.

Par-delà la Souchez, la Deule et leur bassin,
Par-delà les bois sourds, les villages sans fin,
Les champs fauves et nus, tout hérissés d'éteules,
Les chemins qu'on devine à de longs rangs de meules,
Plus loin que les clochers aigus, de toutes parts,
Tel que sur l'océan des navires épars,
S'élevant, s'affaissant, comme au remous de l'onde,
Aux caprices des plis de l'immensité blonde
Où les trèfles mêlaient leurs carrés verdoyants;
Au-dessus des lointains d'opale aux monts fuyants
Qui baignaient d'infini leurs transparentes cimes,
Le ciel plein de pâleurs et de rougeurs sublimes,
Éteignait doucement ses feux pris de sommeil,
Et couchait, dans un lit de brume, le soleil.
Refermant ses rayons, mais plus pur dans sa forme,
Grave et rouge tomba, lentement, l'astre énorme,
Ne laissant à la fin, comme un dernier regard,
Qu'une braise vibrant dans l'humide brouillard.

Ils se lèvent enfin, et leur groupe circule
Dans le mystérieux voile du crépuscule.
L'étoile du berger comme un diamant luit
Et, du fond des vallons obscurs, monte la nuit.
Déjà brille, là-haut, un clair croissant de lune.
Nuage enveloppant leur silhouette brune,
Seul bruit dans le sommeil des calmes environs,
Obstinément les suit un vol de moucherons
Flottant, multipliant de plus en plus leur nombre.
Dans ce nuage ailé qui semble être leur ombre,
Ils vont par les sentiers assombris, sans couleurs.
C'est l'heure blonde et brune où de vagues lueurs
Effleurent dans un rêve exquis, lueurs de limbes,
Les êtres ennoblis, laissant de pâles nimbes
S'attarder et trembler à leurs fronts vaporeux;

Heure immatérielle et chère aux amoureux
Qui ne regrettent pas l'éclat qu'elle refuse,
Car l'âme vibre mieux dans sa brume confuse.
Non, Jeanne n'a jamais laissé, de ses longs yeux,
Tomber sur son ami ce charme merveilleux,
Ces bruns regards luisants dont la pure caresse
Verse dans son cœur vierge une céleste ivresse.

Ils vont silencieux et la main dans la main.
Qu'importe si leurs pas prennent le bon chemin ?
Ont-ils quelque soupçon craintif qui les agite ?
Sachant où va leur cœur, ils trouveront leur gîte.
Douce est d'ailleurs la nuit, le ciel pur et clément,
Chaque minute allume un astre au firmament.
De bizarres buissons et des chardons étranges
Font, au bord des talus, de fantastiques franges.
Le réel a fait place au fantôme trompeur.
Jeanne sent que Bruno frémit : est-ce de peur ?
Non, ils ne craignent pas les mystères nocturnes :
Ces spectres menaçants, tordus et taciturnes
Sont de vieux familiers ; dans ce démon gisant
Avec sa grande corne et son museau luisant
Qui grimace, là-bas, au fond de l'ombre accrue,
Au bleu rayon lunaire, ils revoient la charrue.

Sans songer à la route ils allaient. Devant eux,
Dans la nuit se dressait un tas noir et douteux.
Ils distinguent bientôt que son mystère enferme,
Dans des rameaux touffus, les pignons d'une ferme,
Et son étable basse et son vaste grenier,
Et, dominant le tout, le massif pigeonnier.
Son haut toit portait deux girouettes dont l'une
De ses dents de requin semblait mordre la lune.
Et Bruno dit alors : « Je ne reconnais pas

Cette ferme, bien sûr, nous égarons nos pas. »
Et dans les champs déserts ils s'enfoncent encore.
Un reste de rougeur dont l'Occident se dore
Leur laisse deviner où l'astre s'est couché.
Ils marchent ; le village, à leurs yeux, est caché
Dans un pli de terrain vers la zone indécise
Où le jour, refoulé par la nuit, agonise.
Mais, dans l'obscurité qui recouvre les champs,
Leurs pas, par les sillons, se heurtent, trébuchants ;
Tout est noir : la lueur du lointain les aveugle.
La ferme est déjà loin, et le taureau qui beugle
Ne leur apporte plus qu'un murmure amorti.
Le désert, le désert, — et le bourg pressenti
N'apparaît nulle part, et la dernière teinte
Qui rougissait encor l'Occident s'est éteinte.
Plus de guide ; partout des horizons fermés.
Les feux du firmament se sont tous allumés,
Et la traîne lactée, ouvrant sa banderolle,
Déroule dans l'éther sombre sa clarté molle.
Tout est lointain et tout est proche. Le buisson
Emprunte à l'infini sa claire floraison ;
Tout flotte vaguement, sans forme et sans limite :
Le ciel, à ras de terre, obscurément palpite.

Ils vont, ne sachant plus où porter leurs regards.
Jeanne s'est appuyée à l'épaule du gars,
Pesant de tout son corps sur le bras qui l'enlace :
« Mon Bruno, j'ai sommeil, dit-elle, je suis lasse ;
« Couchons-nous et dormons sous le ciel étoilé ;
« Voici fort à propos encore un champ de blé
« Dont le maître attardé n'a pas rentré les gerbes ;
« Rien n'est à craindre ici, les astres sont superbes,
« Douce est la nuit. » — Le gars aussitôt établit,
A l'abri d'un talus, la paille en large lit :

« Des blés en ce moment, mais c'est une trouvaille, »
Dit-il, en étendant quatre gerbes de paille.
Jeanne y couche son corps allongé, lentement,
Et murmure, les yeux dans l'éblouissement :
« Que je suis bien ici! ces millions d'étoiles
« Sont comme autant de trous clairs à travers les voiles
« Qui cachent à nos yeux le divin Paradis... »
Et, divaguant bientôt dans ses sens engourdis,
Elle voit tournoyer, vertigineuses rondes,
Tournoyer, dans l'éther affolé, tous ces mondes,
Et flotter et danser comme des feux follets,
Puis tomber... et sa main en joue aux osselets...

Or, Bruno, les genoux et les coudes à terre,
Se prosterne devant l'adorable mystère
De ce corps virginal endormi dans la nuit,
Et dont le souffle exhale à peine un faible bruit,
Dans le recueillement de l'ombre et du silence,
Tel qu'un soyeux frisson d'avoine que balance
Le printemps qui l'effleure en son vol amoureux
Et le gars, appuyant ses oreilles au creux
De ses mains, écoutait cette haleine plus douce
Qu'un frôlement léger d'oiselet sur la mousse.
Et muet, le cœur plein d'un radieux espoir,
Il dévorait, d'un œil ardent, cet ange noir
A peine deviné sur la couche de paille
Où flotte une apparence obscure de grisaille.
Et son cœur, dans la nuit, rayonnait de soleil ;
Car ce cœur n'a jamais rêvé rien de pareil :
Être ainsi son gardien, la nuit, seuls dans la plaine,
Et l'entendre dormir! boire sa pure haleine!
Elle n'a point parlé, mais elle est bien à lui !
Aux lueurs de ses yeux, le mauvais rêve a fui.
Délicieuse nuit d'extatique oubliance!

Il reste là, longtemps, n'ayant plus conscience
Des chagrins d'autrefois, ni du temps qui fuyait,
Et puis, leur lumineuse enfance irradiait :
Il revoit leur passé, leurs jeux et cette grange
Où Jeanne, tout à coup, prise de haine étrange,
Avait jeté sur lui ce regard courroucé,
Ce regard qui l'avait si longuement blessé !...
A ce ressouvenir son ardeur qui redouble
Agite tant Bruno qu'il a peur de son trouble.
Il se lève et gravit d'un élan instinctif
Le talus où commence à fraîchir un air vif.
Une faible lueur de l'Orient émane,
Annonçant l'aube. Alors Bruno revient vers Jeanne,
Et, sans que son sommeil d'enfant en soit troublé,
Il étend sur son corps une gerbe de blé,
Et puis à ses côtés doucement il se couche.

Les champs gris s'estompaient d'un soupçon de jour louche.
Sous les astres pâlis, dans le noir moins profond,
Déjà, très faiblement, sur le rêve du fond,
Se dressaient les fourneaux d'une briqueterie.

Point du jour, ô charmeur ! ô lueur attendrie !
O lueur idéale errant sur un front pur
Qui dort, mi-baigné d'ombre et de naissant azur !
Ineffable regard que glisse l'aube proche !
O douceur caressant la candeur sans reproche
Sur le tremblant profil d'une vierge aux yeux clos,
Plus vague qu'une fleur fermée au fond des flots ;
Premier baiser du jour, loin de tout œil profane,
Ton mystère effleura les premiers traits de Jeanne !

XI

LE RÉVEIL

Or, sur la basse brume errant aux alentours,
Les meules, les coteaux dessinent leurs contours ;
L'auréole grandit plus vibrante, et l'Aurore
S'épanouit superbe. Elle baigne et colore
D'un magique regard ces grands champs diaprés
Dans sa lumière rose et ses reflets nacrés.
La Terre attend l'Époux dans sa gloire éternelle,
Et Jeanne ouvre ses yeux dont la noire prunelle,
Éclose tout à coup dans l'agreste splendeur,
Jette, parmi les blés fauves, sa sombre ardeur.

Au fond de l'air vermeil, merveilleuse quenouille
Que le vent éveillé, d'une aile folle, brouille,
Un clair nuage laisse un éparpillement
De légers flocons d'or glisser du firmament

Sur les froides toisons, brumes amoncelées
Qui, par troupeaux errants, plongent dans les vallées,
Et les premiers rayons, dans de roses faisceaux,
Striant le ciel, s'en vont s'émousser aux arceaux
De l'immense Zénith aux sombres améthystes ;
Ou bien courent au loin, chassant les brouillards tristes,
Flamber dans la rivière et rejaillir de l'eau.

Jeanne voit, au milieu de ce divin tableau,
Dans cet éblouissant réveil de la nature,
Bruno, que le plus beau des rayons transfigure,
L'amour... Dans sa ferveur prosterné comme Abel,
Immobile, il est là, la tête dans le ciel.
Un reflet caressant, un doux frisson azure
Les boucles de sa drue et blonde chevelure
Dont le bord vaporeux, sous l'ardeur du soleil,
Ceint le front rayonnant de son nimbe vermeil.
Car aussitôt jaillit dans sa gloire superbe
Le disque radieux, et son immense gerbe
Verse à flots la clarté sur les champs éblouis :
L'or bondit dans la plaine en éclats inouïs,
Et, tandis que l'air tremble au chant des alouettes,
Ils se parlent des yeux, leurs lèvres sont muettes.
Leur âme seulement interroge et répond.
Jeanne sent que son cœur s'amollit et se fond...

O trouble de la fleur que presse l'étamine !
O désirs inconnus ! Combats ! Orgueil d'hermine
Jalouse de garder, dans toute sa fraîcheur,
Sa neige virginale à la froide blancheur !
Sainte Pudeur !

    Et lui, dans ce moment d'ivresse,
Va crier son secret ; mais Jeanne se redresse

Et fuyant le regard brûlant qui la poursuit :
« Bonjour, Bruno, comment as-tu passé la nuit ? »
Dit-elle, reprenant son enjoûment frivole.
Bruno reste interdit, et son ardeur s'envole.
La fillette est levée et parle du retour,
Car l'aïeule l'attend avant la fin du jour.
Ils ont remis en tas les gerbes de leur couche,
Et voici le baiser des adieux où la bouche
De Jeanne, par le plus fugitif des hasards,
Un instant a frémi sur les lèvres du gars.

Il veut la retenir ; de ses bras il la presse,
Mais Jeanne, simplement, par une souple adresse,
Se dégage et lui dit : « Tu reviendras demain,
Bruno, ne me suis pas. » D'un signe de la main,
Dans un de ces regards où le ciel entier brille,
Fuyant à reculons, l'alerte jeune fille
Jette au gars qu'elle tient tremblant sous son pouvoir,
A travers le soleil, un dernier Au revoir !

Et la voilà qui part d'un pas tranquille et libre,
Dans le rythme charmant de son souple équilibre.
— Et tout l'entendement de Bruno se confond ! —
Elle marche et se perd bientôt dans un bas-fond.
Son corps y disparaît, mais la tête rieuse
S'est retournée encor.

     « Fille mystérieuse, »
Se dit Bruno, qui voit le point blanc du bonnet
Disparaître à son tour ; « bien fin qui te connait ! »
Un sanglot douloureux oppresse sa poitrine.

Or, à vingt pas plus loin, riait sur la colline
Le champ de trèfle avec ses trois maigres ormeaux,

Ce lieu qu'il a choisi pour endormir ses maux ;
Il y court. En deux bonds, il monte au premier arbre,
En murmurant tout bas : « Œil de feu, cœur de marbre ! »
Et, fermement assis sur la branche en arçon,
Voici ce qu'aperçoit le soupçonneux garçon :

Se voyant toute seule, ayant pris sa volée,
Sur la route, là-bas, Jeanne court affolée.
La poudre sous ses pieds se lève en tourbillon :
Sa coiffe palpitante a l'air d'un papillon
Qui vient de s'enivrer aux roses capiteuses.
Bien moins rapides sont les doigts des tricoteuses
Que ses jarrets d'acier, qui trottent éperdus.
Et le gars, ébloui, suit, les regards tendus,
L'élan vertigineux de cette course folle,
Faite de soubresauts, où tout le corps s'envole
En des soulèvements d'être immatériel,
De cambrures de reins, de baisers dans le ciel,
Et de bonds de criquet brûlé des canicules
Et de jets frémissants et droits de libellules
Vibrantes et rasant d'un vol furtif les eaux,
De rebonds effrénés et de chutes d'oiseaux !

XII

LES ARCHERS

Dans le ciel bleu, mêlé de brouillard argentin,
Un blanc soleil de fête éclaire le matin.
Le bourg s'est réveillé sous sa pure caresse.
Avril tout ébloui chante sa jeune ivresse.
Les maisonnettes ont rafraîchi leurs couleurs ;
Le village est en fête et le Printemps en fleurs,
Tous les deux ils ont mis leur robe la plus tendre.
Les enfants, les oiseaux se font partout entendre ;
Tout sourit et bourdonne autour du seuil joyeux,
Et la haie a des voix et la haie a des yeux.
Les pommiers embaumés où l'abeille butine,
La neigeuse viorne et la rose églantine
Bruissent, et le bois, à peine recouvert
D'un feuillage naissant comme d'un brouillard vert,
Laisse encor deviner le fin réseau des branches
Et les germes lustrés des nouvelles pervenches ;

Il prête aux rossignols, pour leurs chants et leurs nids,
L'abri sonore et doux des rameaux rajeunis.

La plaine en herbe vive et mouillée aux rosées,
Emperlant les blés verts de gouttes irisées,
N'entend plus l'âpre cri qui commande au labour :
Elle frémit au son du fifre et du tambour,
A tous les gais échos de la rustique fête.
Et l'invité, là-bas, aperçoit du chemin,
Comme un bras qui l'appelle et qui lui tend la main,
Le drapeau s'agitant et battant les ardoises,
Entre un mât de cocagne et deux cibles chinoises.
C'est la fête ! A travers les plantureux vergers,
Par les sentiers fleuris, viennent les étrangers.
Aux pentes des talus, vivantes avalanches,
S'écroulent des essaims de grandes filles blanches,
Du plaisir plein les yeux, du soleil plein le cœur :
Quelque gars les poursuit, et leur rire moqueur,
Sous l'effluve enivrant des sèves qui les gagne,
Comme un grelot d'argent tinte par la campagne.
Ils arrivent aussi, les chariots couverts,
Bondés de monde : aïeux aux fronts chargés d'hivers,
Jeunes godelureaux, fillettes et marmaille
S'y pressent, mi-perdus dans un fouillis de paille.
La lourde charge va très lentement, au pas,
Roulant clopin-clopant, car le beau temps n'a pas
Suffisamment encor aplani les ornières.

Et l'on entend siffler et claquer les lanières
Des fouets que crânement brandissent les porchers
Sur leur troupeau pesant qui grogne. Les archers
Des villages voisins viennent en confréries,
Enseigne déployée aux riches broderies
Où Saint-Sébastien, des flèches dans le flanc,

Flotte et déforme au gré des plis son corps sanglant,
Tandis que des bourreaux, d'un barbare rivage,
Tendent vers le martyr leurs grands arcs de sauvage.
Ils marchent en colonne et leur bruyant tambour
Éveille des échos sonores dans le bourg ;
Et bientôt, sur les murs du village, se montre,
Par instants, un drapeau venant à leur rencontre,
Précédé par la bande ardente des gamins.
Des deux parts, les archers se sont serré les mains.
Alors, tambours battants, repart leur long cortège
Sous les pommiers en fleurs qui vibrent, dont la neige
Laisse tomber sur lui ses flocons odorants.
Jusqu'au milieu du bourg, il marche par deux rangs,
Et quoique différents d'humeur, d'âge et de taille,
Ainsi que des guerriers qui vont à la bataille,
Tous sont fiers, le front haut, les yeux fixes et droits.

Vis-à-vis du clocher où l'on voit, sur sa croix,
Le beau coq redoré dans le soleil reluire,
Est la place des jeux, et l'on entend bruire
La rumeur de sa foule où se mêlent les tons
Des instruments, jouets, trompettes, mirlitons,
Flûtes de Pan, tambours, tous criards à merveille,
Dont les gamins, longtemps, vont irriter l'oreille
Des parents ahuris, — l'enfance est sans pitié. —
Cet enragé concert est encore égayé
Par les cris des forains enroués et grotesques,
Ici montrant la femme aux membres gigantesques
Qu'un tableau représente exhibant son mollet,
Là, la femme de mer, et plus loin l'agnelet
A deux têtes. Enfin s'alignent les boutiques
Étalant un fouillis de merveilles rustiques
Vieilles comme le monde et toujours en faveur,
Où l'enfant pauvre jette un long regard rêveur,

Vains objets rapportant un misérable lucre :
Pains d'épices, flacons remplis de pois de sucre,
Informes objets d'art, coqs en verre filé,
Polichinelles plats au corps articulé,
Boîtes en bois d'où sort le diable qu'on y rentre,
Et forgerons sans bras, le marteau dans le ventre.
Et le monde joyeux va, vient, se perd, ressort,
Et, par groupes, circule, et le pitre se tord,
Et l'arlequin brandit sa latte sur les planches
Près d'Hercule en maillot, les deux poings sur les hanches.

Mais voici qu'au milieu des rires, par moment,
Éclatait tout à coup un sourd mugissement ;
Et les yeux se tournaient vers l'enseigne flétrie,
Toile immense annonçant une ménagerie.

Au dehors, étalé sur le tréteau banal
Qui s'éclairait le soir d'un résineux fanal,
Ce tableau dont les bords s'effilochaient en franges
Éveillait dans l'esprit des mystères étranges.
D'abord on y voyait un tigre furibond,
D'un tronc d'arbre inconnu, s'élancer, d'un seul bond,
Sur un homme hagard qu'il mordait à la gorge.
Tel qu'un rapide jet d'étincelles de forge,
Le sang rouge aussitôt sous la dent jaillissait.
Un bois mystérieux, derrière, s'enfonçait,
Plein de monstres béants, de reptiles immondes
Traînant, sur leurs pieds tors, leurs carapaces rondes
Ou leur cuirasse longue aux mille écailles d'or :
Lézard, python, boa, tortue, alligator ;
Tous hideux de couleur, d'attitude et de forme.
Au fond, un éléphant dressait sa trompe énorme
Parmi les frondaisons vierges des pays chauds.

Or, tout nouvellement recrépis à la chaux,
Les murs d'un cabaret dont les persiennes vertes,
A la fête, au soleil, se sont toutes ouvertes,
Répercutant, parmi le froid azur de l'air,
Inondés de blancheur, le rayon le plus clair,
Dressent un grand carré d'aveuglante lumière,
Immobile, au milieu de cette fourmilière.
C'est vers ce cabaret, le plus beau de l'endroit,
Que nos bruyants archers se dirigent, tout droit.

En colonne serrée, ils traversent la foule
Qui se déplace avec un mouvement de houle,
Et se perdent bientôt dans le brun corridor.
Les voici dans la salle où la bière, à flots d'or,
De la pompe plongeant du comptoir à la tonne,
Coule et remplit les brocs que l'écume couronne.
Ils sont debout, tandis qu'un dernier roulement
Des tambours retentit plus furieusement,
Ébranlant la maison, faisant grincer les vitres
Et trembler des rayons à l'étain clair des litres.
Puis les servantes vont, vives (elles sont trois),
Offrir la bière à tous, commençant par les rois.
Dans toute confrérie, honneur que l'on recherche,
Chaque année, au printemps, le vainqueur de la perche,
Celui qui d'un coup sûr fait voler en éclats
L'oiseau de bois vissé sur le haut échalas,
Devient roi des archers, et, comme le plus digne,
Dans les combats, il porte un glorieux insigne :
C'est un large collier de soie au ton changeant,
Tiré sur la poitrine où pend un coq d'argent,
Tandis que des rubans divers de couleurs vives
Retombent sur le dos et flottent.

       Les convives

Sont choisis, car chacun, pour fêter ses amis,
A bien recommandé que leur couvert fût mis,
Et le lard succulent mitonne dans la soupe.

Les confrères Archers s'en vont groupe par groupe.
A ce soir le combat ! Les carquois, les arcs durs
Et les tambours muets sont suspendus aux murs,
Et, pour voir s'éloigner la vaillante cohorte,
Les servantes debout se tiennent à la porte.

Or, au bras d'un ami, Bruno nous apparaît
Au nombre des archers sortant du cabaret.
Il porte le collier, étant roi. Le jeune homme
Qu'il emmène revêt même insigne, il se nomme
Duchêne, et c'est le roi des archers du Ravin.

Au manoir grande fête ! On va boire du vin ;
Oui, du vin ! Rien n'étonne en ce temps de merveilles
Hier Jeanne en est allée acheter trois bouteilles.
La vieille Angèle a dit d'en garder le secret ;
Car, bien que ce ne soit qu'un petit vin clairet,
Ce luxe est interdit à qui n'a pas l'aisance
Et pourrait bien servir d'arme à la médisance.
Certes, l'ombre d'Étienne en a dû tressaillir,
D'autant que le manoir paraît s'enorgueillir :
Un beau géranium au pignon clair s'allume ;
La nappe blanche est mise, et la cuisine fume.
« Cela ne peut durer, » dit Thomas.

                                    Les deux gars
Sont entrés par la porte ouvrant sur les hangars
Autrefois pleins de blés et d'outils, pour lors vides.
Aussitôt les canards, tendant leurs cous avides,
Font au jeune étranger le plus bruyant accueil.

Jeanne est éblouissante au soleil, sur le seuil,
Un éclair de plaisir brille sous sa paupière,
Et l'ambre de son teint semble fait de lumière.
Elle s'avance et tend ses franches mains aux rois.

Entre ces murs encore humides, aux parois
Dont la mousse verdit la brique monotone,
Le printemps a gardé la couleur de l'automne,
Car, le pied toujours noir du fumier de ses brous,
Le noyer paresseux ouvre des bourgeons roux,
Et l'aune languissant à grand'peine s'efforce,
Plein de rouille, à pousser ses feuilles de l'écorce.
Point d'abeille qui passe en quête de son miel.
Seul, le frais tournesol verdoie, et le beau ciel
Reluit sur la volaille au joyeux tintamarre
Et met son bleu sourire aux fanges de la mare.

Enfarinée avec de la pâte au sourcil,
Entrebâillant un peu la porte du fournil,
Allumée et confuse, à la main une pelle,
Souriante se montre alors la bonne Angèle.
Elle veille au chef-d'œuvre en cuisson dans le four.
La vieille femme aussi s'oublie. En ce beau jour
Il faut bien que son cœur un instant se départe
De son deuil. Elle a fait de ses mains une tarte
Pour ses enfants aimés: mais elle n'ira pas,
La pauvre âme, s'asseoir à leur joyeux repas :
Car le plus grand plaisir qu'Angèle encor connaisse,
C'est d'entendre de loin tes rires, ô jeunesse !
Et puis, de temps en temps, il faut avoir les yeux
Sur le contrebandier qui vit toujours. Le vieux,
Immobile, idiot et muet, s'éternise,
Si maigre, que la mort sur lui n'a plus de prise.

Cependant le clocher au timbre solennel

Vient de sonner trois coups, et, battant le rappel,
Les tambours de nouveau résonnent dans la rue.
Par bande traversant la foule encore accrue,
Les confrères Archers se rendent au combat.
Après le gai dîner, le cœur vaillamment bat :
Ils marchent droits et fiers, se sentant invincibles.
Aux deux bouts, dans la cour du cabaret, deux cibles
Distantes de vingt pas et qu'on nomme berceaux
Se dressent. Les tilleuls recourbés en arceaux,
De leur toit verdoyant, couvrent la longue arène.
Le but est un bâton pointu, d'orme ou de frêne,
Un collet rose ou bleu s'arrondit alentour.

Voici que les Archers sont entrés dans la cour.
Ils ont tous leur bon arc au bois dur, de deux pièces,
Dont on a savamment marié les espèces,
Et la flèche légère aux trois pennes d'oiseaux.
C'est d'un pas résolu qu'ils vont vers les berceaux.
Le tambour roule, et c'est le Ravin qui commence :
Honneur au roi ! Duchêne avec calme s'avance.
Il porte dignement le royal attribut.
D'un œil sûr de son coup, il a visé le but
Et, droit, il bande l'arc et sa pose est superbe.
Dans le silence, vole un sifflement acerbe
Tout aussitôt suivi d'un bruit rapide et sec;
Et la flèche a frappé, de sa corne, le bec
De la cible, au milieu d'un grand cri d'allégresse.
Bravo ! bravo, Duchêne ! On l'entoure, on le presse;
Vingt bras, l'ayant saisi, l'emportent au comptoir
Où la bière à longs flots coule, et, sans s'émouvoir,
Insensible au triomphe aussi bien qu'à la crainte,
Duchêne, d'un seul trait, vide une large pinte.
Car ce gars, bon archer, est aussi beau buveur !

Le cabaret est plein, et son âcre saveur
Vous saisit à la gorge, et la lourde fumée,
Dans un nuage errant, flotte, cent fois humée,
Étouffant un épais vacarme de cent voix.
Trente pipes au moins dégagent, à la fois,
Une pesante brume où des spirales bleues
Montent vers le plafond, traînant de frêles queues,
Chimères que transforme un léger frisson d'air,
Puis retombent au gouffre ardent d'un rayon clair
Qui flamboie, au hasard, sur la mèche caduque
D'un vieux crâne branlant ou sur l'exquise nuque
D'une brune servante alerte, au pied mignon,
Qui passe et disparaît, un mouchoir au chignon,
Silhouette furtive aussitôt reconnue.

Jeanne servante! Oui, la fillette est venue
Ici sans hésiter et sans craindre d'affront,
Car servir son égal n'abaisse point le front.
Pour ce soir, seulement, elle prête assistance
Aux gens du cabaret. Pourtant à sa prestance,
A l'air simple et tranquille à sa tâche apporté,
A son adresse souple, à sa célérité,
On croit qu'elle n'a point eu d'autre accoutumance.
Maîtresse dans un art qu'à peine elle commence,
On la voit se glisser parmi les rustres lourds,
Après elle entraînant l'air en tourbillons sourds,
Dans une main le broc, le plat d'étain dans l'autre,
Du coude repoussant un trop folâtre apôtre,
Jetant un rire clair aux assauts innocents,
Et se multiplier partout, dans tous les sens,
Servante par les bras, reine par le prestige,
Débrouillant aussitôt les comptes en litige,
Et, dans ce bruit de ruche où des sons amortis
Font une basse grave à d'aigus cliquetis,

Venir, se retourner, ici frotter la table,
Là strier à la craie un noir tableau comptable,
Tout en portant ailleurs son regard ravissant;
Aller, pirouetter, reculant, avançant,
Prêter au moindre appel une oreille attentive,
Voyant tout, l'œil distrait, si légère et si vive,
Dans l'élan spontané de ses multiples soins,
Que véritablement on croit, aux quatre coins,
Sous les flots du brouillard plus ou moins diaphanes,
Voir, presque au même instant, éclore quatre Jeannes.

Le public est ici très divers. Les fermiers,
Les ménagers, les gens d'état, les briquetiers,
Le rude forgeron, l'ouvrier de la terre
S'y trouvent confondus, et, riche ou prolétaire,
Rentier au teint vermeil et pâle tisserand,
Tous dans le cabaret tiennent le même rang.
Tous ont les mêmes droits. La main calleuse y serre
Souvent la main polie, et l'étreinte est sincère.
Le mérite ayant seul toute priorité,
Telle règne, en ce bourg, la vraie égalité.
Le village a deux mots très crânes pour devise :
« Pauvre et fier. » Cependant, un parti le divise,
Contre un maire honnête homme inventant des griefs.
Ce parti met Thomas en tête de ses chefs.
Thomas que le bonheur du prochain exaspère,
Avare et libertin, est digne de son père.
On a vu ce dernier, jadis, mauvais chrétien,
S'éloigner lâchement et laisser, comme un chien,
Étienne agoniser dans un marais humide.
Thomas a l'air naïf : sa bassesse est timide
Près du riche; il est lâche aussi bien qu'insolent
Et, pour l'inférieur, haineux et violent.
Est-ce un reflet de fête? A cette heure, il présente

Une mine adoucie, une allure plaisante.
L'insulteur vient d'entrer, bon enfant. Un éclair
Étrange, tout à coup, reluit dans son œil clair,
Horrible et caressant, et va foudroyer Jeanne.
Sous l'ardeur du regard brutal qui la profane,
Elle a pâli; le sang afflue au cœur troublé.
Dans son plateau d'étain les verres ont tremblé.
Où qu'elle aille, elle sent que ce regard infâme
La suit, l'enveloppant de l'odieuse flamme
D'un enfer inconnu qui veut la dévorer.
— Qu'a donc Jeanne? dit-on, en la voyant errer
Au hasard... Un frisson glacial la pénètre..
Elle a peur... Elle veut réagir... tout son être
Tremble. Plus pâle encore, elle va brusquement,
Puis s'arrête, incertaine, et heurte, à tout moment,
D'un genou frémissant, les chaises et les tables.
O courage, ô vigueur qui semblaient indomptables!
Thomas est sans pitié; c'est en vain que l'enfant
Tremble de plus en plus sous son œil triomphant;
Thomas, qui se méprend sur le sens d'un tel trouble,
Aiguise, à ce beau feu, son ardeur qui redouble.
L'effroyable rustaud! s'il n'était odieux,
Sa face enluminée et ses airs radieux
Pourraient prêter à rire. Et, lentement, il fume,
En parfait connaisseur, une pipe d'écume
A laquelle s'adapte un fémur de héron.
Il porte un jabot neuf, sortant d'un frac marron.

Dans la cour, le combat se poursuit et s'anime.
Duchêne, toujours calme, en vrai roi magnanime,
Au bruit de la mêlée, appelle chaque archer
Que souvent dans la salle il faut venir chercher.
Il a vu sans dépit sa flèche démontée
Par un des siens: d'ailleurs elle était rejetée,

Effet du contre-coup, à deux lignes du but.
Un jeune Ravinois, tireur à son début,
Y colla tout le long sa flèche, et, dans l'ivresse,
Verre sur verre il boit pour fêter son adresse.
Le Ravin plein d'espoir, ayant un fier berceau,
Détend ses arcs qui, tous, sont remis en faisceau.

Aux nôtres! le tambour à l'instant les rassemble.
Déjà le roi s'apprête. O Bruno, ta main tremble!...
Je t'ai vu bander l'arc avec plus de vigueur!
Qui donc sera vaillant, si tu manques de cœur?
Son œil s'éclaire... et l'arc se détend, et la flèche
Frappe le but, le fend et vibre dans la brèche.
Bruno, vainqueur, s'élance. Ainsi qu'un cimier blond,
Ses cheveux d'or, au vent, se dressent sur son front.
Il brandit dans les airs son arc au bois flexible.
Tous le suivent de près et courent vers la cible.
Et leur clameur ressemble aux clameurs des enfants;
Ils arrachent le but qu'ils lèvent, triomphants.

Dans son cœur, Bruno sent une autre joie éclore.
Il songe que, bientôt, sa Jeanne qu'il adore
Va le voir triompher aux bras de ses amis.
Son cœur bat, réveillant des rêves endormis...

« Vive Bruno, le roi! » Le groupe qui l'apporte
Du cabaret à peine avait poussé la porte
Où pénètrent d'abord les cris victorieux,
Que Bruno se débat et bondit furieux.
Il a vu, tout à coup, sur l'angélique femme
Une brutale main tenter un geste infâme.
Vainement les archers veulent le retenir,
A dompter l'ouragan qui pourrait parvenir?
Bousculant tout, objets et gens, sur son passage,

Dans un bond de lion, il frappe, en plein visage,
Un gros homme tranquille et qui, tout ahuri,
Se dérobe, cherchant sous la table un abri,
Et dont la face rouge à l'instant devient blême.

Thomas n'a pas d'ami; personne ici ne l'aime,
Mais sa horde l'entoure et certains Ravinois
Sont venus s'y mêler, mécontents et sournois.
Leur bande, sur Bruno, s'est ruée et l'accable
D'une grêle de coups, tandis que, de sa table,
Se relève Thomas hideux. Un pot d'étain,
Saisi je ne sais où, brille à sa lâche main.
Il fait tourbillonner ce poids lourd et le lance
Sur Bruno que l'on foule à terre sans défense.
Rien qu'un éclair, un cri, tant le bandit est prompt!
Le pot d'étain reluit, vole et frappe le front
De Bruno, dont le sang pur et rouge ruisselle.
« On assomme le roi! » Ce cri fut l'étincelle
Qui fait sauter la poudre. Une immense clameur
Se lève et va glacer la fête de stupeur.
C'est une explosion formidable de rage
Tantôt hurlant, tantôt grondant comme l'orage.
La bataille devient générale, et, partout,
Comme dans une cuve infernale qui bout,
Roulant dans la poussière où s'écroulent les tables,
C'est un flux et reflux de chocs épouvantables:
Grappes d'hommes râlant des sanglots étranglés,
S'écrasant sur des tas de corps amoncelés;
Informe et noir chaos où surgissent des têtes,
Naguère souriant du sourire des fêtes,
Qui, pâles maintenant, allument des regards
Tout injectés de haine, effarements hagards;
Où l'angoisse halète, où, sans air, sans issue,
Geint et claque des dents l'épouvante bossue,

Où redoublent, après des apaisements courts,
L'horrible bruit des coups, les heurts des crânes sourds.
A travers la fumée épaisse comme un voile,
Parfois un verre siffle et court, rapide étoile,
S'écraser contre un mur et jaillit en éclats.

Jeanne est évanouie, et la pauvrette, hélas !
S'affaisse sur Bruno que ses sens abandonnent.

Dans la cour, cependant, des cris affreux résonnent :
« Ils ont tué le nôtre, à mort, à mort leur roi ! »
Là, Duchêne, acculé, regardait, sans effroi,
Des furieux dardant sur lui leurs yeux de flamme ;
— Car la peur fut toujours inconnue à son âme.
Simplement il répond : « Vous me tûrez, et puis... ? »
Tout à coup on s'écrie : « Au puits, au puits, au puits ! »
On le saisit ; il jette un seul mot qui flagelle :
« Les lâches ! » Le voici déjà sur la margelle,
Et l'on criait toujours : « A mort ! vengeance ! à mort ! »
Mais lui, se raidissant dans un suprême effort,
Se dresse, de ses bras, se cramponne à la chaîne
Et dit : « Vous ignorez, assassins, que du chêne
Ne pourrit pas dans l'eau ! »

                      Ces hommes, à ces mots,
Devant un tel sang-froid, un si ferme à-propos,
Se sentent désarmés, le remords les atterre.
Ayant, tout doucement, remis Duchêne à terre,
Ils se sauvent, tandis que, dans le cabaret,
— O tranquille puissance ! ô prestige secret ! —
Un homme est survenu qui, soudain, a fait taire
Les fureurs, écoutez : « Vive monsieur le maire ! »

XIII

LES SARCLEUSES

Or, bien que le Printemps au doux ciel argenté
Verse encore, à plein jour, la sereine clarté,
La fête et ses retours sont finis. Le silence
Que rompent, seuls, les bruits coutumiers recommence.
Dans la plaine où déjà l'éclatant vermillon
Des coquelicots brille, émaillant le sillon,
Où l'œillette revêt d'ineffable tendresse
Son feuillage élégant; où le haut seigle dresse,
Le premier du printemps, son svelte épi cendré;
Où rit, étoilé d'or, le velours mat du pré,
Où, dans l'orge et le trèfle aux fleurs épanouies,
Rayonnent vivement, prunelles éblouies,
Les constellations sans nombre du bluet;
Parmi des tourbillons d'oiseaux, le bourg muet
Dessine sur le ciel sa brune silhouette.

Dans les champs, à la main, une alerte houette,
Des filles, par endroits, s'alignent en longs rangs
Pour sarcler l'herbe folle, et de leurs rires francs
Par instants les éclats font vibrer l'air sonore.
Dans l'avoine, en effet, dans quelques blés encore,
Prosternant, vers le sol, leur buste au bras subtil,
Entremêlant le dur labeur d'un gai babil,
Mouvant, comme des fleurs, leurs bandes onduleuses,
Sous l'ample capuchon violet, les Sarcleuses
Se traînent à genoux, lentement.

         Au goûter,
On se lève, on s'étire et l'on va caqueter
Sur les sacs remplis d'herbe, aux abords de la route,
Et l'on mord le prochain, tout en mordant sa croûte,
A belles dents d'émail, un peu gloutonnement
Et du coin d'une bouche avide. En ce moment,
Les sarcleuses sont là, formant presque une foule ;
Leurs membres, qu'à la fin le prosternement foule,
S'allongent assouplis, redevenus dispos
Dans ces galbes charmants que prennent les repos.

Or, l'entretien du jour c'est l'affreuse bataille :
« Avez-vous vu Bruno ? dit Flore, quelle entaille !
« Ah ! rien que d'y songer je me sens défaillir.
« J'ai beau fermer les yeux, je vois toujours jaillir
« Le sang rouge du grand trou qu'il avait au crâne !

— « Ce n'est pas d'aujourd'hui qu'il a payé pour Jeanne,
« Dit Titine, ce beau tigre fait d'un agneau !
« La bâtarde a toujours ensorcelé Bruno,
« Il irait dans le feu pour elle... et la coquette
« Le récompense bien, en rêvant la conquête
« Du gros Thomas ! Oui ! rien que cela, s'il vous plaît !

« O bon Dieu, quel manège! Elle allait, elle allait
« Devant lui, tortillant son corps comme une anguille,
« Tout interdite ainsi qu'une petite fille! »

Et Titine s'indigne et paraît oublier
Qu'avec ses bras croisés sous son bleu tablier,
Son port, depuis deux mois, fait jaser le village.
Flore reprend: « Laissons ce mauvais babillage,
« Car ils sont malheureux. On dit qu'il guérira,
« Lui, mais la vieille Angèle, à coup sûr, en mourra.
« Je ne défends pas Jeanne: elle est ambitieuse;
« Pourtant avouez donc qu'étant si vicieuse,
« Elle n'aurait point eu cette grande douleur.
— « Je connais ce chagrin, ce n'est qu'une couleur,
« Dit Titine, et je sais que cette mijaurée
« A pour but seulement de se voir adorée
« Par Thomas dont elle a flairé les beaux écus;
« Oui, mes yeux clairvoyants en sont bien convaincus!
— « Pour l'argent, dit Clémence, elle ne l'aime guère:
« Deux ou trois jours avant la bataille, le maire
« (Je l'ai su par sa bonne, il n'en faut point parler,
« C'est un secret), le maire avait fait appeler
« Jeanne. Il avait reçu, paraît-il, des nouvelles,
« Une lettre anonyme: On parlait de javelles
« Que Jeanne un jour liait. Pourquoi? Je n'en sais rien.
« Ça venait de quelqu'un qui lui voulait du bien,
« Qu'un obstacle empêchait de se faire connaître.
« On offrait beaucoup d'or, mais il fallait promettre,
« Le village quitté, d'aller en pension.
« Jeanne, loin de céder à la tentation,
« Refusa net et même un beau ballot de hardes!
« Rien n'est plus fier, vraiment, que ces cœurs de bâtardes!

— « Pour une fève on peut bien dédaigner un pois,

« Reprend Titine, moi je crois ce que je crois...
— « C'est trop fort, dit Colombe, il faut qu'enfin je parte!
« Ce sont de braves gens qui, sans la vieille Marthe,
« Seraient morts, tant les coups furent prompts, inouïs.
« En recevant Bruno puis Jeanne évanouis,
« Angèle tomba roide et ferma ses paupières :
« Une douleur à faire, hélas! pleurer les pierres!
« Bruno n'était que sang... Jusqu'au soir tous les trois
« Restèrent sans regard, sans larmes et sans voix!
« Et le vieil idiot, depuis longtemps infirme,
« Qui s'était mis debout, c'est Marthe qui l'affirme,
« Et qui, lui que l'on croit plus muet qu'un tombeau,
« Criait, sans s'arrêter : « Le Corbeau, le corbeau! »

« A peine Angèle et Jeanne ont retrouvé leurs larmes,
« Qu'à leurs yeux effarés se montrent les gendarmes
« Attachant leurs chevaux au vieil anneau du mur.
« Il le faut, c'est la loi, mais alors, c'était dur!
« Pour comble... »

   Tout à coup, sautant sur les houettes,
Toute la bande a fui. Les essaims d'alouettes,
Aussitôt qu'apparaît le féroce chasseur,
Poussent un cri d'effroi tout perlé de douceur,
Et leur vol frémissant, souple et légère trombe,
Rase le sol, tournoie et file et puis retombe
Au champ voisin. Ainsi s'effare le troupeau
Des sarcleuses voyant, là-bas, poindre un chapeau.
C'est le maître, Thomas, dont la voix déjà gronde,
Qui surgit, tout à coup, et vient faire sa ronde.
Sa fourche sous le bras, signe d'autorité,
Donne au rustre un semblant de lourde majesté.
« Allons donc! criait-il, engeance sans courage,
« Gaspilleuses de temps, allons, vite à l'ouvrage! »

Au fond, il jouissait, ce tyranneau sans cœur,
D'avoir, en se montrant, fait une telle peur!

Toute seule, parmi cette bande affolée,
Titine, cependant, n'a point pris sa volée;
Elle va lentement, hautaine, et ses regards
Du coin de l'œil vont droit plonger dans ceux du gars
Piqué dans son orgueil, d'abord, Thomas hésite,
Puis, il se trouble, passe, et dit: « Bonsoir, petite. »
Elle sourit, défie encor l'épouvantail,
Et, langoureusement, s'agenouille au travail.
Lui, sanglier vaincu, grognant sous sa blessure,
D'un pas qu'assurent mal la honte et la luxure,
Par les âpres sillons, s'éloigne en trébuchant.

Or, déjà sous le prisme enflammé du couchant,
Effluves d'infini, les célestes atomes
Planent tout irisés dans l'air chargé d'aromes
Où le bleu tremble encore, ineffable et pâli.
C'est l'heure de l'ivresse exquise où, dans l'oubli
Des laideurs de ce monde et des douleurs amères,
L'âme ouvre largement les ailes aux chimères;
Où des globules d'or gravitent dans le jour,
Où l'horizon rougi semble un reflet d'amour.
Montez, brumes d'argent, aux flancs doux des collin
Sarcleuses, allongeant vos ombres opalines
Sur les blés où le soir met des joyaux tremblants,
O filles qui traînez encor vos genoux lents,
Qui retenez l'azur dans vos plis, l'astre énorme
D'un trait de feu sublime agrandit votre forme,
Sur vos fronts dans sa gloire, il rayonne vermeil,
Filles, prosternez-vous, adorez le soleil!

XIV

LA TIGRESSE

Après quinze longs jours d'indicibles alarmes,
La bonne Angèle, enfin, verse de douces larmes.
La pauvre vieille femme, ainsi qu'un faible enfant,
Pleure, sanglote, rit, pleure encore, étouffant,
Sous ses baisers, Bruno dont l'œil distingue à peine
La forme des objets que le vertige entraîne.
Celui qu'elle a cru mort, il est là, retrouvé !
Il vit, son cher enfant, il est, il est sauvé !

Au temps jadis, advint une pareille chose :
« Lorsqu'il n'était encor qu'un ange au talon rose,
« Vois-tu, Jeanne, il me fut comme cela rendu.
« Comme son petit corps brillait, frais et dodu,
« Sur mon lit où tu vois les mêmes courtes-pointes ;
« Petit Jésus avec ses petites mains jointes,

« Comme il priait ! Vraiment, ses vermeilles couleurs,
« Son sourire faisaient pâlir toutes les fleurs
« Dont cette bonne Marthe avait jonché ma couche.
« J'entends encor les mots que bégayait sa bouche
« Dans un baiser. »

      Ainsi la vieille s'exaltait.
Son âme, qui bientôt va s'éteindre, jetait,
Dans sa suprême ardeur, des flammes vacillantes,
Tandis que, trop souvent, ses forces défaillantes
L'abandonnent. Elle est très joyeuse aujourd'hui,
Mais, lorsque les éclairs de sa joie auront lui,
Comme un flambeau mourant dont la lumière expire,
Elle retombera dans un marasme pire.

Moins prompte à savourer l'ivresse de l'espoir,
— Car à ses yeux toujours l'horizon reste noir, —
Jeanne accepte pourtant cette heure d'accalmie.
Elle en a grand besoin, car la mort, l'infamie
Sont deux spectres nouveaux pour cet oiseau chanteur.
Quel horrible frisson, sous l'œil profanateur
Du vice, secoua son âme qu'un rien froisse !
Son cher Bruno sanglant, assommé, quelle angoisse !
Un flot rouge empourprant le collier de son roi !
Dans quel grand cri d'amour et de haine et d'effroi,
Victime pantelante, affreusement blessée,
Elle avait cru mourir et s'était affaissée :
Évanouissement convulsif et pareil
A la rigidité de la mort ! Quel réveil !
Quand, pâle, haletante, et les lèvres serrées,
Ses paupières, soudain, s'ouvrant démesurées,
De son lit, elle avait revu toute l'horreur.
Dans quel rugissement de tigresse en fureur,
Elle s'était alors sur son ami ruée,

Croyant étreindre un froid cadavre ! Exténuée,
Insensée, enfonçant ses ongles dans la chair
De sa face où les yeux luisaient d'un fauve éclair,
Se dressant, tout à coup, comme du fond d'un rêve,
Hagarde, d'une voix entrecoupée et brève,
Dans un tressaillement terrible elle avait dit :
« Sois-en témoin, Soleil, je tûrai le maudit ! »

Jeanne n'avait point vu le coup. Dans la mêlée
L'infâme et lâche main s'était dissimulée ;
Mais son cœur sûrement devina l'assassin.
Et la haine, dès lors, empoisonna son sein
Comme un bouillonnement d'âcre et de noire écume
Dont elle savourait en secret l'amertume.
Et son farouche cœur se laissait envahir
Par des rêves de sang. Il est bon de haïr !

Il est meilleur d'aimer ! Revenant à la vie,
Déjà Bruno tressaille, et son âme est ravie
Au doux fourmillement des songes reverdis,
Aux mirages vermeils, au confus paradis,
Pleins d'oublis ingénus, à cette renaissance
Du corps et de l'esprit, pâle convalescence !

Il est meilleur d'aimer ! Sublime esprit guetteur
Qui portes le doux nom d'ange consolateur,
Tu vins dès le début visiter la chaumière.

Mais, loin de revêtir sa beauté coutumière
Et sa blancheur, ce bon ange était apparu
Sous l'aspect singulier et même un peu bourru
D'une petite vieille à la poigne robuste,
Alerte, aux bras puissants, verte encor, dont le buste
Supportait une tête arrondie aux yeux noirs

Dont les rayons toujours sont chers aux désespoirs,
Yeux très vifs qu'ombrageaient des sourcils en broussaille.

Elle était accourue, aussitôt la bataille.
Son mari, ce soir-là, se grattant l'occiput,
Dut faire sa cuisine et souper comme il put.
Elle était, depuis lors, au manoir installée,
Faisant tout le travail sans en être accablée,
Ne se plaignant jamais, tout naturellement
Et sans trop s'émouvoir: « Avec le sentiment,
« On ne va pas bien loin, disait-elle, on s'affole,
« On tombe en pâmoison pour une babiole;
« En pleurant sur les gens, on les laisse mourir,
« Ce n'est pas par des pleurs qu'il faut les secourir.
« Si je sais tenir tête aux peines que j'endure,
« Ma seule qualité, c'est d'avoir l'âme dure! »

Marthe avait l'âme dure, et c'était le motif,
Le seul, qui la faisait, l'œil toujours attentif,
Veiller le jour, la nuit, au chevet des malades,
Tandis qu'elle fuyait fêtes et régalades,
Tout ce qui réjouit beaucoup de tendres cœurs...
L'âme dure... et parfois en dévorant ses pleurs,
N'en pouvant refouler la source trop accrue,
Maudissant sa faiblesse, elle était accourue
Jusqu'au fond du fournil désert, pour essuyer
Ses yeux mouillés avec le coin du tablier.

Jeanne la préoccupe. Oui, Marthe s'inquiète
Du grand ébranlement de cette jeune tête.
Notre lutin d'hier, aux bonds échevelés,
Qui courait au soleil, réjouissant les blés
Par l'éclat de sa voix sonore dont les ondes
Argentines vibraient par les campagnes blondes;

La petite glaneuse au front fait de clarté,
Qui, comme la cigale, enchantait tout l'été,
Maintenant reste là, funèbre et taciturne,
Et, prématurément, le front penché sur l'urne
Invisible où s'éteint la cendre du passé.
C'est un effarement morne.

     L'oiseau blessé
Se blottit dans un coin, laissant tomber une aile,
Attitude immobile et qui semble éternelle...
Son œil jette un éclair puis se ferme à demi,
Il se meurt! Mais, voyez, tout son corps a frémi :
A la moindre lueur d'espérance aperçue,
Comme il va s'élancer vers l'impossible issue!
Sa plume se redresse, il tremble convulsif;
Oubliant sa faiblesse, il devient agressif,
Il bondit, fou de rage, et son bec qui s'éraille
A coups précipités va frapper la muraille.

Amour saignant, horreur, désespoir furieux,
Sanglantes visions qui consument les yeux,
Sommeil menteur rendant toutes noires les veilles
Au souvenir confus de ses vaines merveilles,
Des tortures sans nom et des rages d'enfer,
Aiguilles déchirant, de leurs pointes de fer,
Le cœur dans le chaos des longues insomnies;
Éclairs d'espoirs déçus, cruelles ironies,
Pour repos la torpeur et les abattements,
Tels sont l'état mental affreux et les tourments
Qui pendant quinze jours martyrisèrent Jeanne :
Un atroce combat où la haine condamne,
Où l'amour grince et tremble; un horrible ramas
De monstres inconnus où le démon Thomas
Raille l'ange Bruno mourant dont l'âme émigre...

Que n'a-t-elle la force et les griffes du tigre !

Oh! c'était un superbe et puissant animal
Que ce hautain captif, ce beau tigre royal
Qu'elle a vu le matin de cette fête agreste,
Si gaîment commencée et bientôt si funeste ;
Il allait dans sa cage à grands pas mesurés,
Dédaigneux de la foule, et ses flancs bigarrés,
Caressés par le fouet splendide de la queue,
Dans les reflets moirés de la lumière bleue,
Ruisselaient alternés de noir et de vermeil.
Par les chemins perdus des forêts, le soleil
Que crible le réseau touffu des rameaux sombres,
Infiltrant ses rayons dans l'épaisseur des ombres,
Sur un fauve tapis de feuilles qui reluit,
Jette ainsi de longs traits de flamme dans la nuit.

Il allait, il allait, balancement farouche.
Veuf des grands horizons, son regard semblait louche.
Par instants, il couchait ses pattes de devant,
Crispant ses doigts armés, croupe haute, et levant
Sur son col musculeux sa formidable tête,
Il bâillait dans un sourd grondement de tempête,
Acérant le museau, fermant ses yeux ardents,
Et de sa gueule rouge, où reluisent les dents,
Pendait la langue rude ; et la bête féroce
Se dressait d'un seul bond, ouvrait sa griffe atroce
Dont l'ongle furieux rayait les noirs barreaux.

Le tigre, pour amis, avait deux lapereaux
Qui, sautillant sans peur dans un coin de la cage,
Broutaient tranquillement une botte d'herbage
Près de sanglants débris d'os rongés et de chairs.
Une hyène, plus loin, un chacal aux yeux clairs

Ont presque déserté la mémoire de Jeanne.
Et l'image du tigre obstinément y plane :
Ce fauve réalise, en sa sublime horreur,
Le symbole vivant de sa propre fureur.

Un autre souvenir de la ménagerie
Aussi l'obsède. Était-ce une bouffonnerie,
Un produit monstrueux des délires humains,
Que ce Gnome mitré, plein de bras et de mains,
Au ventre énorme, aux yeux ressortant de la tête,
A la gueule effroyable et qu'un rictus hébète ?
Non. Jeanne sut bientôt que ce monstre odieux
Est une idole sainte ayant rang chez les dieux,
Et ceci la remplit de pieuse épouvante.

Mais l'immense tableau fait de toile mouvante
A surtout pénétré Jeanne d'effroi secret,
Avec son insondable et tragique forêt
Aux feuillages aigus comme des fers de piques,
Menaçants, hérissés, où les figuiers épiques
Enchevêtrent sans fin leurs immenses arceaux,
Renaissant, immortels, de leurs propres rameaux.
Sur la nuit et l'horreur éparses sous les arches
De ces arbres qu'ont vus les anciens patriarches,
Dont jamais le soleil ne perça les sommets,
Se dressaient, balançant leurs énormes plumets,
Ces végétaux géants que nourrit la clairière
Où le ciel pleut avec des torrents de lumière.

L'enseigne n'était point inventée au hasard.
Sans doute qu'une main inhabile et sans art,
D'après quelque chef-d'œuvre ignoré, l'avait peinte.
Le temps qui, par endroits, modifiait sa teinte,
L'harmonisait. Quel est ce bois ? Ne lisant pas,

Jeanne pria Bruno de déchiffrer, au bas
De la toile, ces mots qu'une éraillure scinde,
Mots profonds d'infini : « Forêt vierge de l'Inde ! »

Pourquoi le cœur de Jeanne alors éprouva-t-il,
A cette vision, comme un regret d'exil,
Comme un ancien écho renaissant d'une stance
Chantée ailleurs, au temps de sa préexistence,
Pur atome oublié de quelque Éden venu,
Parfum non respiré mais partout reconnu ?
O merveilleux instinct, d'indécises images
Évoquent dans l'esprit de lumineux mirages,
Plus qu'une certitude et moins qu'un souvenir !
Vives clartés du cœur qu'on ne peut définir !
O frisson d'infini qu'un incident éveille !
O murmure subtil, si vague pour l'oreille,
Pour l'âme plus vibrant qu'un sonore bourdon !

Et Jeanne aussi songeait à son triste abandon
De fille délaissée. Hélas ! pensée amère,
Sa mère... car enfin elle avait une mère !
Son père... elle plongeait dans un abîme noir...
La honte, l'infamie !... ô Bruno, son espoir !
Mais qui sait si Bruno va mourir ou va vivre ?
Dans la vie ou la mort, c'est Bruno qu'il faut suivre !
Vivre sans son ami, c'est l'impossible effort,
Mourir de son trépas, c'est savourer la mort.
Mais avant, elle aura savouré sa vengeance !

Il va mieux ! Elle dort, cédant à l'exigence
De sa jeune nature avide de guérir.
Sur son front désolé, songes, venez fleurir !

Elle rêve : et voici que, dans la forêt sombre,

Elle court et bondit sous les figuiers sans nombre.
Elle revoit partout les monstres fourmiller;
Le beau tigre royal, comme un chien familier,
La regardant d'un œil plein de mansuétude,
Est accouru vers elle, et, de sa langue rude,
Il lui lèche les pieds. Les boas, les pythons,
L'hyène et le chacal, les caïmans gloutons,
Docilement rangés, de leur gueule sauvage,
Font un concert d'amour pour fêter son passage,
Et leurs écailles d'or ruissellent dans la nuit.
Et Jeanne va toujours, et le tigre la suit
Jusqu'en des profondeurs où nul œil ne pénètre.
Et le tigre parlait. Ils virent apparaître,
Dans cette solitude où, sous les halliers noirs,
La terre se creusait en hideux entonnoirs,
Un squelette tout blanc sur l'ombre du repaire.
Le tigre dit alors: « Regarde, c'est ton père,
« Ton père mort d'amour comme tu veux mourir ! »
Jeanne sent, à ces mots, dans tout son corps courir
Un horrible frisson qui glace ses vertèbres,
Et l'écho retentit des hurlements funèbres !

Elle est seule, squelette et tigre ont disparu ;
Elle est seule, elle foule un gazon vert et dru
Dont l'herbe roide sous aucun souffle ne bouge,
Et par endroits, ainsi qu'un large pavot rouge,
S'épanouit dans l'herbe une flaque de sang.
Jeanne marche agitée et la sueur au flanc.
Glissant sur le tapis sinistre, elle se presse,
Et ses doigts sont armés de griffes de tigresse.
Dans le silencieux calme des alentours,
Elle entend le frou-frou de son pas de velours
Qui, par le vert gazon aux taches écarlates,
Allonge souplement ses quatre belles pattes

Luisantes que recouvre un poil ras, noir et roux.
Elle songe à Thomas, et son œil en courroux
Darde l'éclair aigu d'une haine mortelle.

Un bois tendre et léger, feuillage de dentelle,
A ses yeux apparaît, où mille et mille fleurs
Éclatantes, partout, font vibrer leurs couleurs.
De bourdonnants essaims d'ailes étincelantes,
Merveilleuse nuée enveloppant les plantes,
Insectes d'émeraude et d'or, oiseaux charmeurs,
Sillonnent l'air en feu de célestes rumeurs ;
Brume tourbillonnante, inexprimable voile,
Où se fixe un rubis, où s'arrête une étoile,
Un monde fabuleux, allant, venant, passant,
De frissonnants joyaux vivant et bruissant
Dans des flots continus d'universelle ivresssel
C'est l'Éden de l'amour, et la jeune Tigresse
Tressaille dans son cœur d'un ineffable effroi ;
Les rumeurs bruissaient : Vive Bruno, le Roi !
Bruno qui va guérir, Bruno que l'amour venge !

Mais voici que soudain surgit un être étrange :
C'est l'idole, le monstre aux innombrables bras,
Au ventre, aux yeux hideux ! ô rage, c'est Thomas !
Jeanne sent palpiter son flanc velu qui gronde ;
C'est bien lui, souriant de son sourire immonde !
Ses pieds lourds sont noyés dans les flots d'un trésor,
Et l'une de ses mains s'avance pleine d'or.
Jeanne bondit sur lui, les griffes étendues.
— « Ah ! bien d'autres que toi, dit-il, se sont rendues,
« Mais aucune ne fut plus douce à mon amour ;
« Jeanne, je savais bien que tu viendrais un jour ! »

L'idole de ses bras innombrables la presse.

Jeanne s'effare et voit ses ongles de tigresse
S'amollir et plier sur l'odieuse chair.
Ivre d'horreur, tordue en cet étau de fer,
Elle s'évanouit sous son étreinte infâme.
Elle renaît. Elle a repris son corps de femme;
A ses pieds, dans les nœuds d'un serpent qui le mord,
Thomas gît immobile et pâle. Il était mort.

XV

L'ÉDEN

Bruno, seul au jardin, est sous la treille sombre
Où tremblent des rayons filtrés à travers l'ombre
D'une vigne flexible aux longs pampres flottants.
Devant l'Été déjà se hâte le Printemps.
Les bourgeons ont poussé, les poiriers en quenouille
Ont secoué leurs fleurs dont le tapis se rouille,
S'éparpille et s'envole au moindre vent léger.
Aux pommiers seulement on voit encor neiger
Les suprêmes flocons de leurs branches tardives.
Et sous le gonflement des sèves trop actives,
Le cerisier fendu pleure des larmes d'or;
Son feuillage lustré, dans sa fraîcheur encor,
Arrosé de soleil resplendit et s'irise,
Et le baiser de feu fait rougir la cerise.

Bruno songe rêveur et son regard reluit
Avec des frissons comme au sortir de la nuit.

Sous le bandeau de lin pressant ses tempes rases,
Ses sens renouvelés ont d'exquises extases,
La pivoine est plus vive et plus tendre l'œillet!
Il ne se souvient guère... il croit qu'il sommeillait.
Chagrins, il ne sait plus vraiment comme on vous nomme.
La candeur d'un enfant dans la force d'un homme,
Virginité de l'âme, épanouissement
De l'arbre, avec ses fleurs, éclos subitement;
Rêves baignés d'azur, délices infinies,
Ineffables concerts, toutes les harmonies
Qui bercèrent, avant l'approche du démon,
Le bienheureux Adam au sortir du limon!
Adam, quel doux rayon illumina ton rêve,
Lorsque tu vis, soudain, près de toi, surgir Ève!
Ton Ève épanouie, au sourire divin,
Ève, magique fleur dans les fleurs du jardin!

Elle vient... la voici, Bruno, ton Ève émue!...
Tu la vois à travers la vigne qui remue
Ses pampres amoureux, comme si le sarment
Tressaillait de tendresse à ton tressaillement!
Elle vient à pas lents et rythmés. Elle est pâle;
Ses yeux sont agrandis et brûlés par le hâle
De la longue insomnie où sombraient ses espoirs.
Sur l'éclat de son teint palpitent leurs cils noirs
Comme deux papillons de nuit battant des ailes.
Mais ils ne jettent plus leurs fauves étincelles.
Une lueur d'aurore y brille, un feu secret.
Bruno vit, il vivra, le reste disparaît.

En ce moment elle est heureuse; elle se livre

A l'enivrant transport d'aimer et de revivre
Dans ce jardin charmeur, discret, tranquille abri
Où, parmi le muguet, leur tendresse a fleuri.
Elle a hâte de boire à la source féconde
Des souvenirs qui fait de cet enclos un monde
Dont rien ne changera l'immuable décor
Plein d'échos argentins qui gazouillent encor :
Car la fleur qui renait à sa place première
Ouvre avec sa corolle une ancienne lumière,
Et toi, goutte tremblant dans son calice frais,
Douce larme de l'aube, aux amants tu parais
Une perle du cœur perdue et que l'aurore
A reprise au passé pour la refaire éclore !
O souvenirs voilés parfois, jamais détruits,
Qui peuplez le jardin, plus nombreux que ses fruits !
O baume cordial, rosée attendrissante !
Les rêves d'avenir, quoi que l'âme pressente,
N'ont pas votre vertige exquis et bienfaisant ;
O souvenirs dorés, ô charme ! Le présent
Ne semblerait-il pas une incolore prose
S'il ne se détachait sur votre brume rose ?

Le cœur de Jeanne chante et tressaille, soudain,
Au grand rayonnement de ce petit jardin
Où l'air garde un parfum de leur sereine enfance,
Dont l'horizon restreint déroule un cercle immense
Où flottent les fils d'or de magiques fuseaux
Dans l'éparpillement fabuleux des oiseaux.
Son ciel aimé s'emplit d'aube tendre, et colore
Chaque plante où sourit un charme qui s'ignore,
Mais que Jeanne savoure et que Bruno comprend.

Ce svelte cerisier, déjà fécond et grand,
Dont le doux fruit revêt une rougeur timide,

Avait été sauvé par leur piété candide.
Un loriot l'avait semé parmi le blé.
Il était éclos, là, sauvageon exilé,
Grêle, que rien aux yeux distraits ne recommande,
Sur un sol appauvri par une herbe gourmande ;
Et le long de sa tige, on voyait s'allonger,
Dans sa vive spirale, un liseron léger
Qui l'étreignait et puis, en folles pirouettes,
Au gré du vent faisant voltiger ses clochettes,
Le courbait jusqu'à terre. Et la faux menaçait
Cet arbuste. Il cherchait le ciel, il languissait,
Pâle et muet, dans l'or de la moisson sonore,
N'ayant pas même à boire aux gouttes de l'Aurore ;
Et Bruno qui n'était alors qu'un tendre enfant,
L'avait, un beau matin, rapporté, triomphant ;
Pour rendre sa patrie au petit solitaire,
Il l'avait enlevé, laissant un peu de terre
De l'exil attachée aux racines, afin
D'acclimater l'arbuste à son nouveau destin.
C'est un arbre à présent. Dans chaque plate-bande,
Combien de fleurs ainsi racontent leur légende !
Or, Jeanne va s'asseoir auprès de son ami.
Ils ont causé longtemps, puis il s'est endormi.

Oui, Bruno, qu'assoupit sa faiblesse, sommeille,
La tête renversée aux barreaux de la treille
Où la vigne serpente en festons onduleux.
Inconsciente ivresse, il frémit. Ses yeux bleus
Que Jeanne entrevoit sous leur paupière mi-close,
Luisent au doux reflet errant qui les arrose.
Quelques rayons filtrés par le mouvant rideau
Plongent leurs feux tremblants sur le gars. Le bandeau
Couronnant de blancheur sa face hâve et pâle
Que le grand air des champs ne teint plus de son hâle,

Répand sur son visage un mystère touchant.
Du pampre printanier un bourgeon se penchant
Mêle au bandeau d'où sort sa chevelure blonde
Un caprice léger de verdeur vagabonde.
Sa bouche est entr'ouverte à l'air pur. Un duvet
Inégal, souple et fin, l'ombrage et la revêt
D'un charme de jeunesse et de grâce virile;
Sa lèvre garde encore une rougeur fébrile
Que tempère un reflet adorable d'azur.
Doucement il repose, et l'émail blanc et pur
De ses dents fraîches brille, et son haleine est libre.

Et Jeanne, longuement, Jeanne dont l'âme vibre,
De ses regards émus suit les contours chéris,
Effleurant ou creusant ces beaux traits amaigris
Où sourit la sereine extase de revivre.
Un attrait tout puissant la pénètre et l'enivre.
Le sang bout dans son corps qui tressaille, et ses yeux
Se troublent, palpitants sous leurs longs cils soyeux.
Un vertige inconnu, comme au bord d'un abîme,
L'attire éperdûment par son effroi sublime,
Elle tremble entraînée... Elle voit, alentour,
Tournoyer l'éternel tourbillon de l'amour,
Dans des essaims d'oiseaux, d'abeilles et de mouches,
Les corolles, partout, s'ouvrir comme des bouches,
Et, parmi les parfums et les vives couleurs,
Les papillons de flamme éclore sur les fleurs,
Les papillons dont l'un, frénétique, en démence,
Bruit, plane, bondit, rebondit, recommence
A planer, à bondir, ici, là-bas, encor,
Sa trompe s'enroulant sous la forme d'un cor,
Puis s'allongeant: lutin, farfadet intrépide,
A grand'peine entrevu, tant son vol est rapide,
C'est le grand sphinx de jour, cet éclair des jardins.

Sans se poser jamais, en ses élans soudains,
Plus subtil que le trait de rayon qui l'arrose,
Il court en bruissant de la rose à la rose,
Dont sa trompe, aussitôt, pompe le cœur vermeil.
Jeanne connaît ce sphinx qui reluit au soleil,
Mais l'insecte affolé, dans une telle orgie,
Jamais n'avait plongé sa sauvage énergie,
Les roses n'ayant pas ces merveilleux éclats.
La vigne étroitement serrée aux échalas,
Dans ce coin de soleil, chauffé comme une étuve,
Chargeait l'air embaumé d'un capiteux effluve ;
Tout luisait, bruissait, chantait dans la chaleur
Et rayonnait. Bruno dormait dans sa pâleur.

Jeanne, par le vertige enivrant, étourdie,
Croit entendre une étrange et fraîche mélodie :
Les fleurs, les papillons soudain prennent des voix,
Et comme les oiseaux, tous chantent à la fois :

LA ROSE

Ce matin, lorsqu'un clair éveil
Rendit la chaleur à la vie,
Au rose lever du soleil,
J'ouvris ma corolle ravie :
L'aube, de ses timides pleurs,
Avait mouillé toutes les fleurs ;
Vive, je me sentis éclore
Au divin baiser de l'Aurore
Dont je garde encor les couleurs.

LE PAPILLON

Les volubilis et les roses
— Souvent je les entends jaser —
M'ont dit le grand secret des choses :
Le monde tient dans un baiser.

LE TOURNESOL

Soleil, soleil, âme du monde,
J'ai cru mourir te croyant mort!
Aujourd'hui ta flamme m'inonde,
Je me relève sans effort.
Monte, suis l'éternel voyage;
Ton baiser d'or, sur mon feuillage,
A déjà séché tous mes pleurs.
Va, soleil! entraîne mes fleurs
Dans ton éblouissant sillage!

LE PAPILLON

Le monde naquit d'un baiser,
M'a dit la douce voix des roses,
Petite Jeanne, il faut oser.....
Tu sauras le secret des choses!

TOUS EN CHŒUR

Petite Jeanne, il faut oser!.....

Et Jeanne se pencha palpitante et farouche,
Et le jour tressaillit au baiser de leur bouche...

XVI

LA CHAMBRETTE

Dans l'éblouissement d'un transport inouï,
Jeanne redresse alors son front épanoui
Où monte une rougeur divine. Elle se lève,
Et le convalescent, souriant dans son rêve,
Ne se réveille point. Un ange trop zélé,
Trop fidèle gardien, sans doute, aura scellé
Ses yeux d'un doigt jaloux, car ce céleste guide,
Au ciel, n'a jamais vu, sous un jour plus limpide,
Plus amoureusement, deux lèvres se poser
Dans un plus angélique et plus chaste baiser;
Ni séraphin brûler d'une flamme plus pure.

Jeanne sent palpiter l'âme de la nature
Mystérieusement dans son cœur agrandi :
Arbres, insectes, fleurs, beau soleil de midi,

Tout y bruit et chante, et les aristoloches
Font, au jour frémissant, carillonner leurs cloches,
Pour fêter cette ardente éclosion d'amour.
Dans le calme embaumé de ce discret séjour,
Jeanne aspire amplement, avide, inassouvie,
Tout ce que l'air contient de vigueur et de vie,
Dût son cœur éclater, tant il se gonfle et tant
La joie immense afflue à son sein palpitant.

Mais cette plénitude ineffable l'oppresse.
L'amour et le soleil la brûlent, et l'ivresse
Que son cœur ne peut plus contenir, a besoin
De s'épancher en pleurs à l'ombre, sans témoin.
Or, il est un réduit respecté qui l'appelle,
Un abri de candeur, plus saint qu'une chapelle,
Sa chambrette ; elle y court. Un parfum virginal
Plus subtil et plus frais qu'un souffle matinal,
Que l'haleine des foins mouillés d'aube ingénue,
Erre dans la blancheur de cette chambre nue.
Jeanne tombe à genoux, et son front et son bras
Plongent en frémissant dans la fraîcheur des draps ;
Et, comme on voit pleuvoir les orageuses nues,
Son amour verse à flots des larmes inconnues...
O douceur ! ô puissance ! ô légitime orgueil !
Elle bénit le sort qui l'a jetée au seuil
De cet humble manoir que la pauvreté garde.
Cette enfant du chemin qu'on nomme la bâtarde,
Désormais peut braver l'outrage des méchants,
Et l'amour de Bruno va réveiller ses chants.
Un sentiment de paix sereine la pénètre
Et, lente, elle s'accoude au bord de la fenêtre.

Elle aimait à sonder le lambeau d'horizon
Et les champs qui fuyaient derrière une maison

Où, sous le ciel, brillait, à côté d'un vieux chaume,
Dans l'éblouissement merveilleux de son chrôme,
Soleil dans le soleil, un carré de colza.
Là son regard ravi longuement se posa.
Instant délicieux ! La rue était déserte
Et si calme qu'à peine, à la fenêtre ouverte,
Le rideau blanc tremblait. Les souffles assoupis
Frôlaient, sans la courber, l'herbe aux naissants épis.
La rue était déserte, et si grand le silence,
Qu'on entendait vibrer les bourdons en démence
Qui, d'un vol éperdu, bondissaient, par instants,
Enivrés et gorgés de miel et de printemps,
Tandis que, doucement, voix dormante et confuse,
Arrivait de très loin un murmure d'écluse,
Que lointain, monotone, assourdi, s'enrouait
Quelque part l'éternel ronflement d'un rouet.
Le Soleil ruisselait dans les cours. La volaille
Sans cesse y picorait, gloussant, fouillant la paille.
Les coqs altiers, parfois, battant des ailerons,
Faisaient subitement retentir leurs clairons
Comme un royal défi jeté dans la lumière,
Et tout rentrait soudain dans la paix coutumière.

Cependant le bruit lourd et timide d'un pas
Rompt la tranquillité de la rue, et Thomas,
Très rouge, très confus, l'air souriant et lâche,
S'avance en murmurant des mots obscurs qu'il mâche,
Et ses yeux allumés dévorent en passant
Jeanne de leur regard étrange et caressant...

XVII

SOUS LA LUCARNE

Les jours sont longs et clairs, les nuits grises et brèves,
Et, parmi la verdeur bouillonnante des sèves,
Le souffle de l'été balance, aux alentours,
Les blés, à l'infini, dressant leurs épis lourds,
Et la plaine houleuse et partout recouverte
De ce mouvant tapis comme d'une mer verte,
Déroule, sous un ciel de lumière, ses flots
D'où les bois plantureux émergent, verts îlots.
Une chaleur de plomb. Les gens sont sans courage
Dans l'immense torpeur ; seul, parfois un orage
S'avance pesamment dans le ciel incertain
Et prolonge, lugubre, un grondement lointain.

Les chevaux énervés, sous l'aiguillon des mouches,
Se cabrent, hennissants, et leurs naseaux farouches

Dispersent des flocons blancs d'écume dans l'air.
Et sur les champs brûlés, le nuage de fer,
Se traîne, exaspérant l'éclat de la lumière
Où par trombes tournoie une ardente poussière.
Mais point de pluie! Au ciel plus aride et plus bleu,
Le soleil de nouveau darde ses traits de feu.
Le vent même s'endort; la rivière sans ride
Semble arrêter son cours sous la chaleur torride :
Universel sommeil, morne assoupissement.
Un brouillard violet, vers le clair firmament
Que l'astre furieux de traits aigus embrase,
Se lève avec lenteur, plus épais à sa base
Stagnante que retient sa pesanteur de plomb.
Sous les âpres rayons qui la criblent d'aplomb,
Haletante, altérée, on dirait que la plaine
Dans l'aride soupir de sa brûlante haleine,
Va bientôt exhaler sa dernière moiteur.

Près du jardin désert, un chaume protecteur,
A l'ombre, abrite Jeanne et Bruno dans la grange,
Mystérieux réduit où rien ne les dérange,
Car leurs propos secrets, là, ne seront surpris
Que par l'indifférente oreille des souris.

Imprégné de soleil aveuglant, l'œil peut croire,
Tout d'abord, que la grange est absolument noire,
Puis, comme une aube pâle émergeant de la nuit,
Une ébauche de jour obscurément reluit.

Deux êtres, détachés d'une sourde grisaille,
Apparaissent alors sur des gerbes de paille.
Toute la masse noire est refoulée au fond,
Et le groupe surgit du mystère profond,
Sous le bleu soupirail où tout le ciel s'engouffre

Inondant les blés d'or d'une pâleur de soufre.
Jeanne, assise, a le front largement éclairé,
Et la brune moiteur de son visage ambré
Se nacre au pâlissant azur de la lucarne.
Son ombre, d'un trait noir, s'accuse sur la marne
Dont est fait le ciment dur de l'aire. Bruno
La contemple, accoudé sur le bord d'un tonneau
Délabré, hors d'usage, et qui leur sert de table.

Un reste de fraîcheur, la senteur délectable
Que dégagent les tas de foins et de blés mûrs,
Ont disposé leurs cœurs aux ravissements purs.
Pour le convalescent qui, faible encore, chôme,
Il n'est point de meilleur abri que ce vieux chaume.

Cette lumière grise, unique, sans reflet,
Qu'épanche austèrement le lourd ciel de juillet,
Au milieu de la pauvre et nocturne cabane,
Accentue âprement les traits fermes de Jeanne
Et les affirme avec implacabilité.
Ce jour d'antre va bien à leur fauve beauté.
Or, c'est plus que l'amour, c'est la ferveur d'un culte
Qu'inspirent à Bruno cette merveille inculte,
Cette bouche pourprée aux solides accents,
Et les diamants noirs des yeux éblouissants
Dont, par delà les murs, les regards semblent suivre
Un mirage lointain.

    Et Jeanne tient un livre.
Parfois son doigt s'y pose, hésitant, maladroit,
Puis se traîne et s'arrête au difficile endroit,
Et Bruno l'aide alors avec un doux sourire,
Car déjà Jeanne épèle et bientôt saura lire.

Lire!... voir de ses yeux un univers écrit
Plus beau que l'autre!... Lire!... Ah! comme son esprit
— En ouvrant le bouquin que leur prête le maire —
Chevauche, tout à coup, la subtile chimère!
Que d'imprévu rêvé! Que de tableaux charmants!
Quel voyage rapide et plein d'étonnements
Par tous les beaux dessins gravés dans le volume!
Quel désir de savoir dans son âme s'allume!

Ce gros livre illustré par un burin puissant
Est propre à redoubler l'ardeur qu'elle ressent,
Il est plein de récits de merveilleux voyages,
De types inconnus, de nouveaux paysages,
De victimes hurlant dans d'horribles tourments,
De fauves et d'oiseaux, de divins monuments.

Comme Jeanne frémit d'un étrange vertige,
En voyant s'y dresser un temple, un vrai prodige,
Tel qu'un cyclopéen colosse, un éléphant
Portant sur son dos large un dôme triomphant,
Monstre dont le granit brave le temps vorace,
Foulant de ses pieds lourds une énorme terrasse
Où monte un escalier de fabuleux degrés.
Jeanne tremble en jetant ses regards enivrés
Sur ce géant de pierre ainsi prêtant l'épaule
A ce dôme sublime, ovoïde coupole
Avec sa mitre et ses minarets engagés.
Un peuple d'animaux, bizarrement rangés
Sur les soubassements aux piliers symboliques,
Ouvre des yeux hagards, des gueules faméliques,
Immense broderie, épais fourmillement
Dont l'étrange chaos grouille éternellement!
Et puis ce grand carré tout noir que fait le porche,
Ces mi-coupoles dont le faîte flambe en torche,

Cette arcade, au milieu, polylobée a jour,
Ces corniches ombrant les loges alentour,
Ces puissants contre-forts assis au stylobate,
Cet infini, ce monde immuable et sans date
Dont Jeanne ne comprend ni le sens, ni la loi,
La remplissent soudain d'un ineffable effroi.

Sur ce bloc monstrueux que le caprice brode
Elle épèle ce mot magnétique : Pagode!

XVIII

L'ÉCLIPSE DU SOLEIL

Enfin une ample ondée a rafraîchi les champs.
Les épis encor lourds de l'orage et penchants,
Dans l'ondulation calme qui les évente,
Se relèvent. Tout brille, et la plaine vivante,
Sous le bouillonnement des sèves en éveil,
Palpite, effervescente, aux ardeurs du Soleil.
Vie intense! fraîcheur que l'alouette acclame.
Dans sa hâte frôlant les beaux pavots de flamme
Dont l'humide corolle arrose le chemin,
Jeanne marche le poing sur la hanche. A sa main
La faucille reluit comme un croissant de lune.
Elle va, le col droit, droite la tête brune,
Narine dilatée et les yeux francs ouverts,
Sa verdeur défiant la verdeur des blés verts.
Sous ses lèvres, à l'air, mi-closes et pourprées
Scintille l'éclatant émail des dents nacrées.

L'abeille voit ainsi de rapides lueurs
A l'aube s'éveiller sur les chardons en fleurs.

Jeanne va respirant la vigueur des aromes.
Derrière elle, déjà, s'éloignent les hauts chaumes,
Les noyers, les pignons aigus et les murs bas
Qu'étage, en les groupant, la ferme de Thomas.
Autour du pigeonnier, les essaims des colombes
Volent en tourbillons, et leurs joyeuses trombes,
S'abattant, vont neiger sur les toits des hangars.

Jeanne avait, en passant, détourné ses regards;
Mais, s'ils s'étaient alors arrêtés sur la ferme,
Ils eussent, sur le mur d'enceinte qui l'enferme,
Vu surgir une tête, un homme dont les yeux
Obstinément dardaient leurs regards curieux,
Épiant tous les pas de la vive fillette
Dont la coiffe, bientôt, parmi les fleurs d'œillette,
Blancheur dans la blancheur, se dissout et se perd.

Elle va, pense-t-il, vers le marais désert!
Et précipitamment, de son observatoire,
L'homme descend, certain d'une prompte victoire :
Une pauvresse ! — Il tremble; il se dit : « Suis-je fou ? »
Quand ses doigts affolés se heurtent au verrou
De la porte du mur qui s'ouvre sur la plaine.
Le cœur lui bat si fort qu'il lui coupe l'haleine.
Personne aux champs ! Il part tout d'un trait, et bientôt,
De nouveau, sur les blés, la fraîche coiffe éclôt,
Et puis le caraco lilas strié de raies
Flotte au milieu d'un plant de jeunes oseraies.
Elle marche d'un pas assuré, simplement,
Sans détourner ses yeux distraits, et, par moment,
Le soleil, caressant l'ardente jeune fille,

Affile un bref éclair au fer de la faucille.
Telle Jeanne s'en va, seule, vers le marais.
Elle en veut rapporter un peu d'herbage frais :
Car le jardin n'a plus, ainsi que la prairie,
Pour le menu bétail, que de l'herbe flétrie.
Après ce long soleil, autour de la maison,
La grande sécheresse a brûlé le gazon,
Altérant les grillons sous les touffes rôties.

Jeanne est devant un bois sauvage, plein d'orties
Qui hérissent partout leurs dards empoisonnés,
De chardons épineux dont les fronts carminés
Dressent les beaux fleurons de leurs crêtes sanglantes :
Où la ronce s'accroche à de farouches plantes
Dont le fruit de corail distille des venins.
Bois sombre et si touffu que les arbustes nains
Y meurent privés d'air ; où la fraîcheur perfide,
Délicieusement, du sol toujours humide,
S'exhale avec la fièvre. Ah ! pourtant que de fois
Jeanne et Bruno, jadis, dans de semblables bois,
Bien après le soleil, impunément, sans crainte,
Ont prolongé leurs jeux enfantins ! et l'empreinte
De leurs pas étourdis semble froisser encor
Le sauvage tapis de l'éternel décor.

Le chemin que suit Jeanne entre au bois. Il arrive
A l'étang solitaire et calme dont la rive
En tout temps se revêt de vivace gazon.

Jeanne bientôt se perd dans l'âpre frondaison.

Thomas se montre alors, interroge l'espace,
S'assure... bondit comme un sanglier rapace,
Et, tremblant de désir affreux, ivre, effaré,

Il s'enfonce à son tour dans l'épineux fourré
Et disparaît. Le bois rend un faible murmure,
Le pas lourd fait bouger, un instant, la ramure,
Et puis tout redevient tranquillement muet.

Dans l'étrange silence où rien ne remuait,
Ainsi qu'un souvenir soudain qui se réveille,
Par moment, bruissait, sur la ronce, une abeille;
Une grange, derrière, au loin dressait le pan
De son large pignon où s'étalait un paon
Dont la voix prolongeait son aigre dissonance,
Tandis que, de nouveau, versant la somnolence,
La chaleur ondoyait sur les toits assoupis,
Immobiles vaisseaux d'un océan d'épis.

Tout à coup, le silence endormi du rivage
Se déchire en un cri, hurlement court, sauvage,
Sourd sanglot étranglé de haine et de fureur
Qui jette, à travers l'air, par une brusque horreur,
Un farouche frisson dont le marais tressaille.

La ronce crie; un corps défonce la broussaille,
Et l'homme reparaît, aveuglé, chancelant.
Il tient avec ses doigts épais son front sanglant.
Un flot sombre et vermeil rougit sa face impure
Que traverse une large et béante coupure,
Éclaboussant en bas les ronces du chemin;
Et sinistre, hideux, n'ayant plus rien d'humain,
Se ruant dans les blés, trébuchant, en démence,
Il s'enfuit et se perd dans la campagne immense.
. . . .
Jeanne est près de l'étang, et son œil égaré
Va, machinalement, des verdures du pré
Où s'attendrit la rose étoile de la mauve,

Au trou noir du taillis où s'engouffra le fauve !

Que s'est-il donc passé ? Par quel étrange effet
Ne sait-elle plus bien comme cela s'est fait ?
Tout à l'heure... ici même !... étonnante oubliance !
Dans cette herbe, à genoux, calme, sans défiance,
Elle allait commencer à couper le gazon...
De toutes parts le bois dérobe l'horizon...
L'herbe étouffe les pas... et soudain, sans querelle,
Le monstre en souriant avait sauté sur elle.
Rêve affreux ! rien ne peut, ici, la secourir !
O lutte infâme ! ô honte ! elle avait cru mourir !
La faucille reluit... ô rage sans pareille !
O grand cri de damné qui frappa son oreille,
Si terrible qu'encore elle pense l'ouïr !
Quelque chose de rouge alors vint l'éblouir !...
D'une froide sueur son corps glacé se trempe...
Puis après ?... C'est en vain qu'elle presse sa tempe,
Elle ne sait plus rien du reste...

        O ciel ! du sang !
Sur l'herbe piétinée et qui, près de l'étang,
Pour redresser ses brins foulés, par instants, bouge,
La faucille apparaît féroce, horrible, rouge ;
Mâchoire ayant encor du monstre entre les dents.
Et Jeanne, convulsive et dont les yeux ardents
Éclairent le cerveau d'une évidence acerbe,
Voit la trace du sang qui court, rouge, sur l'herbe...
C'est par là que le lâche en chancelant a fui,
Les bras épars, cherchant dans le vide un appui...

Le corsage en lambeaux et la coiffe démise
Et les cheveux lâchés tombant sur sa chemise,
Jeanne reste immobile, inerte et le cou bas.

Dans quel bourbier sordide, hermine, tu tombas !
Si l'outrage est vengé, — tout ici te l'atteste —
Quel éclaboussement sur ta blancheur céleste !
Gardien de ta candeur, quel séraphin ailé
Remettra sur ton front le voile immaculé ?

Un tel effarement, par bonheur, l'avait prise,
Que ses regards voilés par la soudaine crise,
Au moment où le monstre effroyable s'enfuit,
Ne voyaient déjà plus qu'au travers d'une nuit
Où la lutte assez longue apparaissait très brève,
Vague image, infamie impalpable d'un rêve !...
Mais ses cheveux défaits, son bonnet déchiré,
Cette rouge faucille et ce sang sur le pré,
Ces témoins du combat, réalité vivante,
La glacent d'une honte immense et d'épouvante.
. . . .
Elle prend la faucille, elle en lave le sang.
La tigresse renaît, fauve, l'audace au flanc :
« Allons, du cœur ! dit-elle, et plus de terreur vaine !
« Le sang venge le sang, eh bien ! vive la haine ! »

Et si quelqu'un l'eût vue, alors, d'un bras nerveux,
En tresse rassembler et tordre ses cheveux,
Rajuster son bonnet, épingler sa jaquette,
Croyant surprendre un jeu de farouche coquette,
Et ravi de sa grâce, invisible témoin,
Il eût cherché pour qui tant de fébrile soin !

Et la faucille crie, alertement, et l'herbe
Est coupée et liée, et, d'un geste superbe,
Jeanne se tord, se courbe et la saisit. D'un bond
Elle se dresse avec le fardeau sur le front.
Elle part, pâle et grave, et le pied prompt et ferme.

Elle n'évite plus de regarder la ferme;
N'a-t-elle pas dompté l'infâme épouvantail?
Un groupe curieux stationne au portail :
Elle apprend que Thomas, ivre, plein comme une outre,
S'est fendu le visage en tombant sur un coutre,
Que l'œil gauche est atteint, le nez fort entamé,
Et celui qui le conte est très bien informé.

Elle suit les chemins bordés d'épine et d'hièble.
Elle rentre au logis où, de plus en plus faible,
Angèle sommeillait près du vieil impotent;
Maison tranquille et morne où personne n'entend
Son pas court, frémissant sous l'émoi qui l'agite.
— La mort plane déjà dans la paix de ce gîte. —

Tout est muet. Bruno, guéri, travaille au loin,
Et, dès l'aurore, il part pour la coupe du foin.
Jeanne va vers l'étable où sommeille la vie :
A la chèvre, aux lapins, l'herbe tendre est servie,
Mais les bêtes n'ont point leur caresse aujourd'hui...
Jeanne erre, passe, vient dans le vide et l'ennui.
Des canards réveillés l'odieux tintamarre
L'exaspère. Le tronc de l'aune, dans la mare,
Saigne de sa blessure, et le sombre soleil
A la crête des coqs allume un sang vermeil.
Et toujours, et toujours, devant son âme, brille,
L'effroyable croissant de la rouge faucille !...
Le cou lui brûle encor du baiser libertin !...

La paix, où la trouver? Est-ce au calme jardin?
Elle y va. Mais les fleurs ont des éclats funèbres.
Un frisson inconnu lui court dans les vertèbres,
Quand, soudain, elle songe au jeune homme endormi
Dont les lèvres, un jour, sous sa bouche, ont frémi.

Le sphinx est toujours là, plus ardent à l'orgie;
Redoublant ses transports de sauvage énergie,
Il plonge au sein des fleurs, dans ses bonds violents,
Sa trompe insatiable et boit leurs cœurs sanglants :

« Allons plus loin, allons, » dit-elle. La prairie
Desséchée étendait son herbe défleurie.

L'air apportait de loin d'inquiets beuglements.
Les oiseaux s'agitaient dans de vagues tourments,
Jetant de petits cris comme à la dérobée.

Le ciel embrunissait sa coupole plombée !
Jour sinistre où l'azur lui-même est ennuyeux.

Jeanne se jette à terre, et, les mains sur les yeux,
Afin de se voiler ces funestes images,
Elle voit, dans le noir, s'élever des mirages :
Tout d'abord, c'est l'affreux combat du cabaret,
Puis son rêve : Voici la tragique forêt,
Le squelette du père et les chants d'allégresse
De l'Éden, et l'idole horrible !... La tigresse
Revoit la main infâme et l'immonde présent ;
Mais sa griffe est d'acier et déchire à présent !

Et dans l'herbe brûlée elle plongeait sa face.
Puis insensiblement, le cauchemar s'efface.
Ses sens sont pris alors d'une vague langueur,
Dont ils ne peuvent point mesurer la longueur.
. . . .
Ses yeux s'ouvrent. Un deuil étendu dans le vide
A recouvert l'azur de son crêpe livide.
Une épouvante morne, immobile, alentour
Se tait dans la torpeur ténébreuse du jour.

Heure horrible!

    En plein ciel sans nuage, scintille,
Fantastique soleil! un croissant de faucille
Mordant un disque obscur et sanglant. O stupeur!

Jeanne vers le jardin fuyant, folle de peur,
N'ayant jamais rêvé d'étrangeté pareille,
Va chercher un refuge à l'abri de la treille
De ce lieu que sacra son amoureux éveil.

Comme le jour d'alors était pur! Le soleil,
A travers le réseau de la ramure sombre,
Criblant de rayons clairs le terrain couvert d'ombre,
Au caprice léger des longs pampres flottants,
Et comme pour fêter l'Amour et le Printemps,
Laissait pleuvoir ses feux caressants. L'astre énorme,
Dont les traits tamisés multipliaient la forme,
Sur Jeanne et sur Bruno, versait, dorant leurs fronts,
Un éparpillement de petits astres ronds
Qui flottaient en dansant leurs célestes quadrilles...

Ces rayons aujourd'hui sont autant de faucilles!

XIX

L'INCENDIE

O fleur immaculée au parfum virginal,
O noble et douce fleur dont l'éclat idéal
Est plus éblouissant que le duvet du cygne,
Fleur faite d'innocence et dont la grâce insigne
De la sainte Pudeur orne les purs autels,
Ah ! qui saura jamais de quels frissons mortels,
O beau lis dont l'orgueil est ta blancheur de neige,
Tu t'éteins sous l'affront d'un brutal sacrilège,
N'osant plus regarder la face du soleil !
Adieu, jour !

    Jeanne souffre un martyre pareil.
Elle se meurt, hélas ! de se croire souillée.
Que lui fait désormais la plaine ensoleillée
Où travaille, là-bas, son jeune moissonneur ?
Indigne de Bruno, vouée au déshonneur,

Elle désertera cette odieuse terre.
Et souvent elle songe à l'étang solitaire...
Ah! comme on dormirait paisiblement au fond
De l'eau sourde, au milieu d'un calme si profond!

Un nouveau gouffre s'ouvre où tout son bonheur sombre.
Le baiser du démon brûle sa nuque sombre,
Baiser cent fois lavé, mais dont le feu toujours
La dévore, baiser des infâmes amours,
Laissant comme un fer rouge une marque éternelle.
L'Ange de l'ignorance a replié son aile
Et le rustique Éden aux frémissements purs,
A jamais, à jamais, a refermé ses murs.
O profanation des plus sacrés mystères!
La honte s'est mêlée au flux de ses artères.
Il vit! Elle pourra le rencontrer demain!
Ce sang qui l'a vengée et qui rougit sa main,
Horreur! est comme un gage affreux qui la fiance
Au monstre!... Elle est à bout de haine et de vaillance.
O délire suivi d'affaissement mental!
Elle voit dans la mort le dénouement fatal.
C'est pourquoi Jeanne reste au manoir, affaissée,
Et dérobe au jour bleu son front et sa pensée.

Cependant le soleil a jauni les épis.
L'embrasement de l'air aux souffles assoupis,
Sur la plaine infinie et claire, se déroule,
Ondoyante chaleur, immense, ardente houle
Qui fait vibrer l'azur profond de Messidor
Et flotter les toits lourds dans la mer des blés d'or.

Car la terre a mûri sa riche moisson blonde.
Ses flancs, dans le repos d'une gloire féconde,
Exhalent alentour, vers le pur firmament,

Comme un encens divin, l'arome du froment
Et les champs sont couverts de biens : l'ample dépouille
Va tomber sous la faux qu'un long chômage rouille.
Dès l'aurore voici les filles et les gars,
Sur les grands chariots, qui sortent des hangars
Et vont joyeusement, à la moisson nouvelle,
Coucher sur les sillons javelle sur javelle.

Les voici par la plaine, en groupes isolés,
Courbant partout leur dos dans le soleil des blés,
Les bras, le cou, brulés sous la flamme aveuglante,
L'allure monotone, infatigable et lente,
Et du matin au soir, du levant au couchant,
La paille crie et tombe aux coups durs du tranchant.

Sous le tas débordant de leurs gerbes dorées,
Arrivent vers le bourg, triomphales rentrées,
Dans le ruissellement du soleil, les grands chars
Lentement balancés sur les essieux criards.
A leur faite parfois une robuste fille
Alanguie aux rayons brûlants, dans le ciel, brille,
Émergeant de la paille avec son front hâlé,
Clair sur le sombre azur, et sombre sur le blé.

Le village se perd dans l'or. Chaque chaumière
Ceinte de blonds épis chante dans la lumière
Et regarde passer les fauves cargaisons,
Si hautes qu'on croirait de mouvantes maisons.
Le câble en les serrant creuse une large ornière
D'où flottent les épis relevés en crinière.

Jours de peine acharnée, et pourtant heureux jours !

Les portails grands ouverts laissent voir, dans les cours

Où redouble la vie, où tout remue et piaille,
Les grands effarements de la folle volaille
Et les farouches bonds des poulains et des veaux,
A l'apparition des visages nouveaux.

Et l'on vous voit aussi, par bandes lumineuses,
Sous les mouvants reflets de l'azur, ô glaneuses,
Foulant de vos pieds nus l'éteule des sillons,
Courir dans le soleil où flottent vos haillons.

Quand le soir assombrit la pourpre de sa flamme,
Quand la nature entière épanouit son âme
Qui plane, doux parfum, dans les brouillards errants,
Quand l'ombre allonge au loin ses voiles transparents
Sur la plaine infinie et calme que réveille,
Par place, un dernier trait de lumière vermeille;
Puis quand le tas de blé s'éteint comme un brasier,
Que, seul, un éclair d'or luit sur les faux d'acier;
Que la splendeur revêt la douceur souveraine;
Les membres fatigués, mais la face sereine,
Tout rafraîchis de brume, enivrés de froment,
Reviennent d'un pas lourd et pacifiquement,
Autour des chariots, les faucheurs dont le hâle
Austère et vigoureux brunit sur le ciel pâle.

Partout lumière et fête, et le pauvre manoir
Seul restait tout le jour silencieux et noir.
— « O Thomas, disait Jeanne, ou ma mort ou la tienne! »

Or, dans le champ désert qui vit tomber Étienne
Et dont le sol avare et vainement sarclé
Produisait presque autant de chardons que de blé,
Où le marais toujours semait de folles herbes,
Bruno, d'un bras rapide, abat de maigres gerbes.

Il fauche éperdument, sombre, désespéré,
Sans souci des chardons qui, d'un dard acéré,
Mordent sa jambe rude au travers de la toile,
Car un nuage noir a voilé son étoile
Et de son cœur en deuil les mirages ont fui.
Ces buissons épineux hérissés près de lui,
Le tranchant de la faux, les dents de la faucille
Sont moins cruels vraiment que cette dure fille
Dont cependant naguère il se croyait aimé.
Il maudit cet amour dont il est affamé.
Plus de doute! il sent bien que Jeanne le déteste,
Chose étrange! depuis cette éclipse funeste.
Lorsqu'au soir de ce jour, ouvrant ses bras joyeux,
Il voulut l'embrasser, elle ferma les yeux
Et tout son corps fut pris d'un tremblement farouche ;
Aucun mot amical ne sortit de sa bouche,
Et, comme il la pressait, d'un brusque mouvement,
Elle se dégagea, sans rire, gravement.

Un rival!... Oui, peut-être... un rival qui l'évince !
Il tremble. A coups serrés sa large faux qui grince
Tranche les longs fétus qui tombent, frémissants ;
Ses yeux ont des éclairs terribles, menaçants ;
Il fauche avec de sourds murmures de tempête :
Un rival!... c'est ainsi que volerait sa tête !...

Puis, se tordant à terre, il pleurait comme un fou,
Frappant du front le sol à se rompre le cou.
O douleur! C'est que Jeanne avait été si tendre !
C'est qu'il avait passé des heures à l'entendre
Gazouiller, de sa voix plus douce que le miel,
De ces mots, de ces riens qui vous ouvrent le ciel
Ainsi qu'une divine et pure mélodie !
Comme il regrette, hélas! la longue maladie

Et la convalescence où ses yeux renaissants
Repuisaient tant de vie à ses yeux caressants !...

Cependant au manoir grand émoi ! car le maire
Vient d'apporter à Jeanne une lettre où sa mère,
Tout d'abord, tendrement, lui demande pardon
De son involontaire et si long abandon.
Devant l'âpre rigueur d'un père inexorable
Elle avait dû céder; mais tout est réparable.
Ce vieux père malade incline vers sa fin.
Elle en éprouvera, certes, un grand chagrin,
Mais quel bonheur d'avoir son enfant adorée,
De l'instruire d'abord, puis, richement parée,
De la produire au jour, dans le monde élégant !
Pauvre fille pliée au travail fatigant,
Elle verra fleurir sa grâce souveraine,
Belle à faire pleurer de dépit une reine,
Et digne de briller partout au premier rang !
« Ah ! comme à tes yeux noirs j'ai reconnu mon sang,
« Écrivait-elle, quand, à la moisson passée,
« Je te tins sur mon cœur un instant embrassée !
« Jamais je ne sentis enivrement pareil
« Et mon sein maternel s'est empli de soleil.
« L'Inde a mis dans tes yeux sa divine lumière !
« Ah ! comme désormais ta beauté printanière
« Va fleurir dans son pur épanouissement !
« Comme je vais t'aimer insatiablement !
« Et nous irons dans l'Inde où le ciel, je l'espère,
« A notre amour rendra ton infortuné père
« Que je veux faire riche, honoré, triomphant !
« Tiens-toi prête, et bientôt je viendrai... Mon enfant !
« Ah ! comme tes baisers manquent à ma tendresse ! »
La lettre ne donnait ni le nom ni l'adresse.

L'étonnement ressemble à la stupidité.

Jeanne resta, longtemps, le regard hébété.
Jeu cruel du hasard aveugle qui la raille,
Un assemblage obscur de liens la tiraille
En sens divers et fait cette immobilité ;
Tandis qu'un voile lourd, sur sa raison jeté,
La couvre d'une nuit agitée et confuse.
Puis, comme le torrent lorsque s'ouvre l'écluse,
Un long flot lumineux subitement bondit.
Ah ! comme Jeanne est bien la fille du maudit
Dont son rêve évoqua le squelette sauvage !
Même impossible ardeur l'obsède et la ravage ;
Même ivresse exaltée et même désespoir,
Selon le ciel tantôt vermeil et tantôt noir.
Mais elle est avant tout l'hermine blanche et pure
Qui préfère la mort à la moindre souillure.
L'Inde, divin pays éternellement bleu,
D'où monte le soleil, foyer sacré du feu,
En la purifiant lui rendra son bon ange.
Elle ira se baigner dans l'eau sainte du Gange.
Oubliant la hideur de l'infâme secret,
Elle pourra marcher dans l'antique forêt,
Le front ceint d'une claire et nouvelle auréole.
A ses pieds blêmira, morte, l'immonde idole
Dont elle aura brisé l'épouvantable anneau.
Puis elle reviendra digne de son Bruno.
Et pourquoi donc haïr cette mère qui l'aime ?
Eh quoi ! c'était la dame à la beauté suprême !
Comme elle adorera le lumineux pays
Où les blancs éléphants, par les champs de maïs,
Vont boire au grand lac bleu sous la pagode rose,
Lorsque le colibri, qui jamais ne se pose,
Étincelle partout dans les rosiers en fleurs !

Car elle avait connu l'éclat et les couleurs
De cette Inde à travers les feuillets de son livre.
A quel fougueux transport, en ce moment, se livre
Son cœur où bat le sang fauve du Paria !
Souffles de l'Hamazel et de l'Himalaya
Tout chargés des parfums enivrants des tropiques,
Vous emportiez, au loin, sur vos ailes épiques,
Cette enfant frémissante aux yeux hallucinés.
Mais bientôt, au jardin, ses regards ramenés
Se mouillent doucement de larmes attendries.
Son amour, ses travaux, ses jeux, ses rêveries,
Tous les ressouvenirs qui sur l'enclos planaient,
Que de liens puissants et chers l'y retenaient !
Les lis la saluaient de leurs corolles blanches,
Les arbres sur son front laissaient pendre leurs branches,
On entendait rouler les chars de la moisson,
Le cerisier chantait une triste chanson,
Reproche de fauvette à la jeune infidèle.

Jeanne retourne alors près de la vieille Angèle.

L'aïeule sur sa main appuyait son front las
Où tombaient, s'échappant de son bonnet lilas,
Deux mèches de cheveux d'une blancheur de neige.
Son coude reposait sur le bras de son siège.

Tel qu'un orgue brisé rend de plus doux accords,
Ainsi vibre le cœur d'Angèle dans son corps
Que l'âge et les chagrins détruisent : charme auguste
Qu'autour des bons vieillards répand leur âme juste.
La dernière lueur des graves soirs d'été
Laisse entrevoir le ciel dans son immensité :
Ici-bas tout n'est plus que fantôme et que brume,
Mais l'espace infini resplendit et s'allume,

Et l'éternel Esprit plane sur les brouillards.
Les crépuscules ont la beauté des vieillards.

Elle était là, l'œil vague et la tête penchée
Et pour le long départ suprême détachée,
Rameau brisé, de l'arbre où fleurit l'avenir.
Elle ne savait plus qu'aimer et que bénir :
La tendresse est divine et n'a pas de limites.
« Il est donc vrai, dit-elle, ô Jeanne, tu nous quittes ! »
Elle était résignée et son cœur était prêt,
Car elle savait bien que cette heure viendrait
De consommer l'immense et fatal sacrifice ;
Mais quelle âpre amertume au fond de ce calice
Dont elle n'avait point épuisé les douleurs !

Jeanne tombe à genoux et mouille de ses pleurs
Le rude tablier de la pauvre grand'mère,
Dans de brûlants transports de repentance amère.
Des sanglots étouffés l'empêchent de parler.
Puis changeant brusquement : « Ma Jeanne, il faut aller
« Dit la vieille, porter le goûter de ton frère ;
« J'ignore quel souci nouveau vient le distraire,
« Mais il semble oublier les soins les plus pressants.
« Et l'on dirait, hélas ! qu'il n'a plus son bon sens. »

Jeanne sèche ses pleurs, obéit en silence.
Elle part, et son pas trouble la somnolence
Des canards bien repus que la chaleur du jour,
Voluptueusement, assoupit dans la cour.
Tout au bord de la mare, au pied rougi de l'aune,
Le tournesol ouvrant sa grande étoile jaune,
Symbole de ferveur et de fidélité,
Semble jeter à Jeanne un regard attristé.
Le haut noyer lui tend ses branches pacifiques

Qui versent la fraîcheur et l'ombre sur les briques
Et sur le banc de pierre où la vieille souvent
S'asseyait pour filer dès le soleil levant :
Vieux banc verdi de mousse et qu'un grès étançonne,
Où ne vient plus, hélas ! depuis longtemps personne,
Et qui dort délaissé sous les rameaux obscurs.
Elle sort. La voici dans la rue où les murs
Disparaissent cachés sous de longs rangs de gerbes,
Où le regard du jour met des éclats superbes,
Car le céleste azur, inondant le trésor
De la riche moisson, frémit dans les flots d'or,
Tandis que le soleil sur les crêtes flamboie
Dans le rayonnement de sa divine joie.
Des atomes dorés s'élèvent des manoirs
Et paillettent la nuit sourde des ormes noirs,
Errant au gré du souffle enflammé qui les berce.
Sous les sombres massifs des arbres que traverse
A grand'peine le ciel avec de bleus frissons,
Vibre au loin la fournaise ardente des moissons.

A ce charme puissant peux-tu rester rebelle,
Jeanne ? L'Inde n'est point plus chaste ni plus belle !
Vois ! C'est bien le soleil de tes plus purs étés !
Son cœur bat, elle marche à pas précipités,
Ainsi qu'au temps léger de l'enfance première ;
Elle marche et les champs se déroulent : lumière,
Dôme bleu, plaine blonde où tout est palpitant,
De la route poudreuse à l'horizon flottant :
L'azur, l'azur sans fin sur le sol ras et fauve.
Les javelles, ici, jonchent la terre chauve
Et symétriquement se suivent. Les champs d'or
De l'avoine attardée, au loin, debout encor,
Se balancent. Parmi d'innombrables éteules,
Mille monts de froment s'alignent, et les meules,

Ces éternels greniers des antiques humains,
Dressant leurs dômes blonds tout le long des chemins,
Ressemblent, dans leur lourde et rustique enfilade,
Aux huttes d'une ancienne et sauvage peuplade.

Les glaneuses là-bas, par bandes et par bonds,
Dans des éclairs d'épis mêlés aux cheveux blonds,
Couraient avec leur glane où le soleil vient luire,
Et les trous des haillons eux-mêmes semblaient rire.

Mais Jeanne étouffe un cri, tremblante. Tout à coup,
Elle s'arrête ; puis, livide, à pas de loup,
Se sentant défaillir sous des transes nouvelles,
Elle va se tapir contre un mont de javelles.
Et la pauvrette suit d'un regard fasciné,
A travers champs, le mâle infâme, le damné !
Il marche le front bas coulé dans les épaules.
Il va vers les jardins, et bientôt, sous les saules,
Il disparaît.

   Longtemps, Jeanne, le cou tendu,
Plonge dans les rameaux son regard éperdu,
Et quand plus rien n'y bouge, elle part. Les glaneuses
L'appellent, en passant, de leurs clameurs joyeuses :
Haletante, elle marche et n'entend point leurs cris.
Elle n'aperçoit plus même les bords fleuris
Des champs blonds, ni les monts de froment, ni les gerbes ;
Et c'est bien vainement que, dans les folles herbes,
Les chardons alignés tout le long du chemin
La regardent passer de leurs yeux de carmin.

Les glaneuses au loin, comme un troupeau qui broute,
Se perdent. Des chars lourds gémissent sur la route ;
Des points noirs, des points blancs se meuvent dans les blés,

Et, par instants, ses yeux se ferment, aveuglés
Sous le bouillonnement de son sang qui fermente
Et sous l'âpre aiguillon d'enfer qui la tourmente.
Elle allait dans la peur et parfois son genou
Fléchissait. Le soleil, qui lui mordait le cou,
Ainsi qu'il exaspère une plaie endormie,
Rallumait le baiser de honte et d'infamie ;
Et Jeanne veut tout dire... Et Bruno choisira
Qui d'elle ou de Thomas son bras vengeur tuera !

Et machinalement elle avance, et son trouble,
A l'aspect du faucheur désespéré, redouble.
Elle arrive. Bruno ne se retourne pas.
Il n'a point entendu le bruit faible des pas.

Jeanne, Bruno mourra si Dieu veut que tu meures !

Il a fait le travail de deux jours en six heures ;
Car son grand désespoir est sombre, furieux,
Car, frénétiquement, sa faux frappe, et les yeux
Ne peuvent suivre au vol le fer qui tourbillonne
Dans l'air qu'un âpre éclair incessamment sillonne :
Travail impétueux, exaspéré, hagard !
Les javelles, partout, éparses au hasard,
Aux chardons chevelus se mêlent en désordre,
Et Jeanne voit Bruno s'agiter et se tordre
Comme un supplicié dans le tourment du feu.

Elle fait quelques pas, s'arrête... avance un peu
Et puis reste immobile ainsi qu'une statue,
Muette sous la honte immense qui la tue.

De ses deux poings crispés serrant son cœur meurtri,
Soudain elle s'affaisse en poussant un grand cri :

Il s'était retourné dans sa rage acharnée
Et d'un mortel regard il l'avait condamnée.

« Grâce ! Pardonne-moi, Bruno, je vais mourir ! »
Lui dit-elle, au moment où pour la secourir
Le garçon a volé vers elle. Il la délace...
Mais elle se débat, murmurant : « Je suis lasse
« De respirer l'amour horrible de Thomas !
« Écoute-moi, Bruno, si jamais tu m'aimas,
« Tu vengeras l'honneur d'une fille souillée »

Bruno la soutenait, pâmée, agenouillée.
Le chignon dénoué par tresses s'épandait
Sur son bras où la tête effarément pendait.

« Souillée ou non souillée, ô ma Jeanne, je t'aime ! »
Dit le gars. Défaillante, effroyablement blême,
A ces mots, Jeanne entend le grand hymne immortel
Retentir dans son cœur, et, regardant le ciel,
De ses yeux égarés elle y voit un sourire,
Un sourire divin et qui semble lui dire :
« Bruno t'aime ; l'amour, Jeanne, te sauvera !
« Mieux que le Gange bleu, l'amour te lavera ! »

Mais voici qu'au lointain où son regard s'attache,
Soudain, elle aperçoit un lugubre panache
Qui surgit, grandit, monte en replis onduleux,
Couleur de soufre avec des remous nébuleux.
Envahissant le ciel, une épaisse fumée
S'élève du village, et sa base enflammée
Palpite, foyer sourd, obscurément vermeil.
Elle couvre bientôt le globe du soleil
Dont parfois transparaît le disque morne et sombre,
Et jette sur la plaine un cône immense d'ombre.

Le clocher est sinistre et tinte éperdument.
Alors, de toutes parts, dans le même moment,
Comme d'un seul gosier, un cri terrible éclate :
Au feu ! Dans la fumée une langue écarlate,
Vive et fourchue ainsi que celle d'un serpent,
Au milieu de l'haleine ardente qu'elle épand,
S'échappe horriblement d'une gueule inconnue.
Au-dessus, dans le ciel, une livide nue,
Stagnante, emplit l'azur de son voile pesant.
Au feu ! Le cri partout court, vole, électrisant
Les moissonneurs qui, tous, s'élancent, et la foule
Au travers du bourg noir précipite sa houle.
Au feu, Jeanne a repris son courage et ses sens :
« Bruno, vite courons ! » et pâles, frémissants,
Ils se lèvent ! — Au feu, au feu ! — Leur pas chancelle ;
Quelqu'un vient de crier : « C'est au manoir d'Angèle ! »

XX

LA VIEILLE ANGÈLE

Et la ruine éteinte ensevelit un mort...
Là, d'un somme éternel, le contrebandier dort,
Moins triste assurément qu'au temps de ses jours sombres.
Son corps carbonisé gît sous les noirs décombres.

Par le souffle du vent d'abord exaspéré,
L'incendie, en une heure, avait tout dévoré.
L'eau manquait, car l'aride et longue sécheresse
A tari l'abreuvoir et le puits.

       O détresse !
En vain Jeanne et Bruno, blêmes, exténués,
Sous l'averse de feu s'étaient vingt fois rués
Vers cet ardent brasier où s'étouffait un râle ;
Et vainement la foule, uniformément pâle,

Comme si tout à coup le jour même eût pâli,
Avait fait retentir le manoir assailli
De ses cris impuissants ; la flamme impitoyable
Avait jeté dans l'air une odeur effroyable :
Quelqu'un brûlait. Des os craquetaient dans le feu.
— Des hommes blasphémaient, d'autres imploraient Dieu.
Et voici que passa, parmi l'odeur sinistre,
Sur la flamme, un corbeau tout enfumé de bistre...
Peut-être emportait-il l'âme du bisaïeul.
On retrouva plus tard et l'on mit au linceul
Quelques os consumés dans une cendre grise.

Angèle par la flamme, elle-même, surprise,
N'avait pu l'en tirer de ses débiles mains,
Étant tombée, après des efforts surhumains,
Sur le seuil d'où bientôt elle fut relevée
Par ses proches voisins dont les bras l'ont sauvée.
Tout ce qui composait le rustique logis
Ne fait plus qu'un monceau confus de noirs débris,
Tas difforme et fumant, murailles calcinées
Où les maigres pignons, les sombres cheminées
Et la voûte du four dressent étrangement
Leur silhouette avec les lambeaux du ciment
Qui, par place, suspend son haillon lamentable.

La flamme épargna, seuls, le hangar et l'étable.

La jeunesse a des cris ardents et d'âpres pleurs ;
Mais les vieillards sont lents même dans les douleurs.
Leurs âmes, vers le ciel à grande aile emportées,
Se livrent aux courants sans luttes révoltées ;
Tels ces vaisseaux aux mâts rompus et que le sort
Dans un dernier naufrage entraîne près du port.
Ainsi pleurait sans bruit l'âme lasse d'Angèle,

Comme l'eau que le froid hiver étreint et gèle,
Sous la glace s'écoule en gémissements sourds.
Pauvre Angèle, affaissée auprès des fardeaux lourds,
Elle essaierait en vain ses forces épuisées.
Elle attendait, les mains muettement croisées,
Que le dernier sommeil mît un terme à ses maux :
Vieux chêne dont la foudre a brisé les rameaux,
Où le vent ne peut plus éveiller de murmure.
Mais lorsque pour la tombe une douleur est mûre,
Entre le corps argile et l'âme éternité,
Elle devient extase éblouie et clarté.

Jeanne, Angèle et Bruno sont dans la pauvre étable
Où se trouvent deux lits, trois chaises, une table
Dus à ton prompt secours, ô sainte Charité ;
Car ce triste réduit par eux est habité.

L'instant est solennel et lugubre. C'est l'heure
Où les cendres du vieux vont quitter la demeure.
Angèle, par moment, pousse un faible soupir
Et puis baisse les yeux comme pour s'assoupir,
Les bras roides posés sur la chaise de frêne.
Son long buste serré dans un tricot de laine
Qui, douloureusement, laisse saillir les os,
Sous le poids lourd du front courbe le maigre dos.
Les deux genoux aigus s'accusent sous la robe ;
Sa bouche qui se penche, au rayon, se dérobe,
Tandis que la pommette anguleuse ressort
Et que, sous les assauts répétés de la mort,
Sa tempe hâve et pâle affreusement se creuse.
Son œil s'enfonce dans l'orbite ténébreuse
Où le regard, par l'ombre et par l'âge, est voilé,
Et le nez, jadis droit, se recourbe, effilé.

Cependant le clergé paraît. On se lamente.

Marthe arrive. Elle couvre Angèle d'une mante.
Dans un religieux silence, tour à tour,
Les voisins, les amis, se rangent dans la cour.
Les porteurs sont chargés. On part. La vieille Angèle
A voulu suivre aussi la dépouille mortelle
Que renferme un cercueil bien court et bien étroit.
La pauvrette appuyait sur Bruno son bras droit
Et son corps affaissé, puis l'autre bras sur Jeanne;
Telle aux arbres se tient la traînante liane.
Et le groupe pieux avance lentement.
Sous le voile confus de l'éblouissement,
Angèle vraiment croit s'égarer dans un rêve,
Et lorsque, du pavé, son regard se relève,
Elle voit vaciller, partout aux alentours,
L'évanouissement des fugitifs contours.
Son œil tremble et s'effare à la lueur trop vive.

Or, vers l'église en deuil le lent cortège arrive.
Parmi les hauts tilleuls, Angèle, l'œil mi-clos,
Voit le clocher gothique émerger de l'enclos
Comme au temps où, petite, elle allait à la messe.
Le cortège fleuri de sa blanche jeunesse,
Dans un songe éveillé, passant devant ses yeux,
Se mêle au vol rythmé des martinets joyeux
Qui font pirouetter leurs noires envergures.
Par degrés, elle voit les anciennes figures,
A travers les rayons éteints du souvenir,
Dans la placidité de la mort, revenir.
Elle voit vaguement s'ébaucher un visage,
Puis deux autres, puis vingt: tout le défunt village,
Tout un monde subtil, flottant, terne et pâli,
Déchirant un instant le voile de l'oubli
Et qui forme bientôt une cohue étrange
Où la laideur bizarre et la beauté de l'ange

Revêtent je ne sais quel doux rayonnement
Dans la sérénité du grand apaisement.
Et parfois le plain-chant, qui brusquement s'élève,
Effarant aussitôt les fantômes du rêve,
Disperse leur timide et nébuleux essor.
Angèle alors revoit les tilleuls couverts d'or
Où la flèche gothique allume son ardoise.
Puis l'hymne, reprenant la sourdine, apprivoise
Ces revenants craintifs par la douceur du chant,
Et, renouant encor le cortège touchant,
Le fait flotter plus loin dans sa fuite macabre.

La cloche, tout à coup, qui sous l'auvent se cabre,
Chasse les morts : la cloche est leur épouvantail.
Le monde des vivants entre sous le portail.

Depuis longtemps Angèle avait pleuré son père.
Elle prie à présent pour son âme. Elle espère
Dans la miséricorde et la bonté de Dieu.
Angèle ne croit pas à l'éternel adieu.
Et son regard, parfois, errait vers la chapelle
Où le plus douloureux des souvenirs l'appelle.

L'autel, jadis si pauvre, est maintenant paré.
Jésus brille au milieu d'un cadre redoré.
Plus cruel que les Juifs, un art de sacristie
Outrage pour jamais cette divine hostie.
L'ange qui s'effaçait, le petit chérubin
Éclate rose et frais comme au sortir du bain,
Et, le corps arrondi, sans la moindre fissure,
Il recueille gaiement le sang de la blessure.
Reparaissant, plus bas, les deux forcenés Juifs
Sous leurs muscles gonflés, rouges, écorchés vifs,
Dont l'anxieuse Angèle interrogeait les traces,

Sortent, rebondissant des romaines cuirasses.

Le soleil les éclaire, et ces buveurs de sang
Semblent cligner les yeux au jour éblouissant,
Car la pauvre fenêtre, à grand'peine baignée
Dans un demi-rayon, où l'agile araignée
Filait son arabesque aux rustiques meneaux,
Et dont la basse ogive abritait les moineaux,
S'étale au plein midi, largement éventrée,
Laissant à la lumière une maîtresse entrée.
C'était le gros Thomas, — on en parle beaucoup —
Qui, pour gagner le ciel, avait fait ce beau coup ;
Car, depuis qu'on lui voit l'affreuse cicatrice,
On ne sait quelle peur dompte son avarice.

Angèle, ailleurs, peut-être eût trouvé cela beau,
Mais ce fut pour son cœur comme un autre tombeau,
Un sépulcre odieux où s'étaient abîmées,
Sous l'outrage grossier, d'humbles choses aimées.
Et sa blessure vive, à ce dernier tourment,
Se remit à saigner très douloureusement.

Que les heures demain seront longues et mornes!

De ses forces Angèle avait atteint les bornes.
Elle fut prise alors d'un tranquille sommeil
Qu'elle se reprochait, pensant, à son réveil,
— Honteuse de trouver son cœur presque paisible : —
« Se peut-il, ô mon Dieu, que je sois insensible! »

Mais un énervement qu'elle ne peut braver
L'accable ; elle essaierait en vain de se lever.
Ses regards vacillants s'enveloppent de brume.
Cependant un éclair, un matin, s'y rallume :

Sa Jeanne et son Bruno se penchent sur son lit.
Sa tendresse renait, son âme s'amollit
Et coule en un ruisseau de larmes maternelles
« Personne, ô mes enfants, n'a d'heures éternelles.
« Et le plus grand chagrin que je vais emporter,
« C'est de savoir qu'un jour vous devrez vous quitter,
« Dit Angèle; l'Artois verra fuir sa créole ! »

Des sanglots étouffés couvrent cette parole,
Et Jeanne, de ses bras enlaçant son ami,
De sa voix pénétrante au timbre raffermi :
« Le grand soleil aussi vient de l'Inde, dit-elle,
« Votre Artois ne craint pas qu'il lui soit infidèle ! »
Quel frisson tu sentis dans tes veines courir,
Bruno ! La vieille alors : « Merci, je puis mourir ! »

Dès ce jour elle fut souriante. Les songes
Revinrent la bercer de leurs pieux mensonges.
Son enfance accourut sourire à son chevet.
Une aurore, à ses yeux expirants, se levait.

Elle vit repasser tous ces joyeux dimanches
Ensoleillés et verts, jours pleins de robes blanches
Et de soyeux rubans aux flottantes couleurs,
Où, tandis qu'aux vergers tout émaillés de fleurs
Naissait une rougeur d'aurore à la cerise,
Sous son voile de tulle elle allait à l'église
Dont le gai carillon égrenait ses vieux airs
Dans ces printemps d'alors si calmes et si clairs;
Où, rayonnante et vive, et rasant les charmilles,
Elle venait se joindre aux blanches jeunes filles,
Le cœur plein d'une ardente et sainte émotion ;
Alors que, s'attroupant pour la procession,
Les paysans avaient abandonné leurs chaises,

Et que les encensoirs renouvelaient leurs braises.
Bientôt le vieux curé, l'ostensoir à la main,
Entrait sous le dais rouge aux plumets de carmin
Où les porteurs fixaient leurs lourdes bandoulières.
Les flambeaux s'allumaient au milieu des bannières,
Et blonds enfants de chœur aux luisants chandeliers,
Chantres époumonés et graves marguilliers,
Tous sortaient d'un pas lent. Le ciel semblait sourire
Parmi de frais parfums de fleurs, d'encens, de cire,
Et l'Esprit-Saint flottait sur l'aile des oiseaux.
Sous les pieds, doucement, frémissaient les roseaux
Et les joncs dont la rue était partout semée.

Enfin, lorsque le prêtre, à travers la fumée,
Sous une chape d'or montait aux reposoirs
Et qu'allaient et venaient les brûlants encensoirs,
Dans l'éblouissement pur des apothéoses,
Et que, dans leur nuage embaumé, lis et roses
S'effeuillaient et pleuvaient ; que sur leurs escabeaux,
Les saints transfigurés aux ondes des flambeaux,
Adoucissant leurs traits si durs et si farouches,
Animant leurs regards et remuant leurs bouches,
Semblaient dire des mots que l'on n'entend qu'aux cieux,
Angèle se sentait défaillir, et ses yeux
Se troublaient tout voilés par des larmes mystiques ;
Et la foule à genoux entonnait les cantiques,
Et les filles allaient, angéliques essaims,
Reprendre à leurs tréteaux les civières des saints,
Leur prêtant de nouveau leur épaule pieuse.
Angèle tressaillait d'ivresse glorieuse
Alors que sur sa blanche épaule elle sentait
Frémir le Bienheureux que la marche agitait.
Angèle avait gardé sa robe d'innocence,
Tout imprégnée encor des parfums de l'enfance,

Et la foi, cet aimant qui la tourne vers Dieu.

Sa fenêtre s'ouvrait sur le ciel pur et bleu.
Comme l'oiseau captif bondit vers la lumière,
Vers le ciel s'élançait son âme prisonnière
Et longuement ses yeux y plongeaient, éblouis.
Les globules de l'air tremblaient, épanouis.
O tourbillonnement des lumineux atomes,
Peut-être es-tu l'essaim des célestes fantômes,
Voyageurs éthérés des claires régions !
La mourante voyait de saintes légions
S'avancer et grandir. L'azur illimitable
Par ondes s'engouffrait dans la rustique étable,
Et les cercles mouvants des remous infinis
Entraînaient et berçaient ces cortéges bénis.
Les élas étoilés des divines phalanges,
Les concerts inouïs des vierges et des anges,
Les roses chérubins aux chevelures d'or
Passaient et repassaient, vertigineux essor
De psaumes inconnus et d'ailes azurées;
Sublimes visions trop tôt évaporées !
Tout fuyait au réveil de l'humaine raison,
Et les restes obscurs de la vieille maison
Apparaissaient alors au travers de la porte,
Noirs, tordus, tourmentés ainsi qu'une cohorte
De démons que l'eau sainte a vaincus et figés.
Et l'aïeule posait ses regards affligés,
Par le triste carré de cette porte ouverte,
Sur le vieux banc jadis couvert de mousse verte
Où la vieille fileuse endormait ses soucis,
Banc toujours à sa place, avec ses grès noircis,
Dont la flamme a rendu la mousse violette.

Au-dessus le noyer dressait son grand squelette.

Et parmi les débris dispersés sur le sol,
Écrasé sous les pas, le morne tournesol,
Près de l'aune brisé, les branches effeuillées,
Dans la boue a perdu ses étoiles souillées.

Un jour que son regard tremblait plus faible encor,
Angèle vit au ciel un léger flocon d'or,
Comme un rêve naissant, à ses yeux apparaître
Et descendre, entraîné vers la pauvre fenêtre ;
Doux flocon détaché d'un céleste fuseau,
Qui volait de lui-même ainsi qu'un vol d'oiseau,
Car il ne suivait pas la route des nuages.
Il venait, ébauchant de confuses images.
Il grandit, et c'était un navire de l'air,
Et sa quille creusait les flots de l'azur clair ;
Il grandit. Au milieu d'un nimbe qui flamboie
Étienne rayonnait de l'éternelle joie.
A ses côtés, Marie et Pierre éblouissants
Resplendissaient parmi les parfums de l'encens,
Et tous tendaient les bras et chantaient. Chaque stance
Finissait par le mot triomphal : Délivrance !

La fenêtre s'ouvrit ; l'étable s'effaça.
Angèle se sentit soulevée et glissa
Sur les flots de l'azur qui soudain déferlèrent ;
Les choses de ce monde aussitôt s'écroulèrent,
Car elle avait rompu tous les terrestres nœuds.
Son être irradiait en longs traits lumineux.
O femme, quelle ivresse immense fut la tienne !
Tu plongeas glorieuse au sein de ton Étienne
Dans l'immortel hymen, et le vaisseau du ciel,
Abandonnant bientôt l'astre matériel,
Sillonnant l'infini, gonfla toutes ses voiles
Qui sur les fronts élus secouaient des étoiles.

. . . .
Or, Jeanne à son chevet veillait pieusement,
Ne quittant plus la pauvre étable, à tout moment
Inclinant vers son front son pâle et doux visage;
Et, tout triste, n'ayant plus le cœur à l'ouvrage,
Devant le lit muet, pris d'un vague frisson,
Bruno silencieux, oubliait sa moisson.
D'un regard inquiet il interroge Jeanne,
— Déjà le soir épand l'ombre dans la cabane.—
Et Jeanne lui repond : « Regarde, mon ami,
« Quel calme a maintenant son visage endormi !
« On dirait qu'il sourit au fond d'un divin rêve;
« Bruno, ne sois plus comme une âme en peine; achève
« Ta moisson. Tout va bien. Ne sois plus inquiet. »

Et véritablement Angèle souriait,
Le front serein malgré la moiteur qui le mouille.
Ses doigts semblaient presser le lin d'une quenouille...

XXI

LE CHAMP DU REPOS

Tous les blés sont rentrés, et l'arrière-saison
Laisse voir les lointains de l'immense horizon.
Or, parmi ces champs nus, aux abords du village,
Ainsi qu'une oasis sur une aride plage,
Un enclos diapré de joyeuses couleurs
Ruisselle d'herbe vive et d'éclatantes fleurs,
Dans un débordement de verdeur et de vie.
Cependant le regard que son éclat convie
Reste mélancolique et pensif. Au soleil,
L'épine, sur les bords, mûrit son fruit vermeil.
Au milieu, dominant un tertre circulaire,
Les grands bras étendus, se dresse un haut calvaire.
Et, tristement, sourit ce coin ensoleillé,
Verdissant au désert du terroir dépouillé,
Sur le penchant léger d'un vallon solitaire,
Plus touffu qu'un jardin, plus fleuri qu'un parterre.

Et c'est le rendez-vous de toutes les douleurs.

O suprême refuge arrosé de nos pleurs,
Terre où nous tombons tous, d'où vient que tu t'abrites
Sous ce brillant manteau de reines-marguerites ?
Puisque l'homme, chez toi, pleure, gémit ou dort,
Pourquoi d'une ironie ainsi voiler la mort ?
Ah ! c'est qu'autour de nous, lorsque ici-bas tout tombe,
L'amour est immortel et survit à la tombe,
C'est que le Dieu d'amour regarde, sur le sol,
Tous ces tertres épars où le grand tournesol
Incline tendrement son astre nostalgique ;
C'est l'Amour immortel, champ d'asile rustique,
Qui fait de l'horreur même un spectacle touchant,
Et plus d'un est venu vers toi, le front penchant,
Qui s'en retourne avec les yeux dans la lumière !

Tel fleurissait aux champs cet humble cimetière.

Le chèvrefeuille errait sur les tombeaux étroits,
Et, grimpant, enroulant sa frêle tige aux croix,
Près des géraniums aux flammes éclatantes,
Retombait se mêler aux roses remontantes.

Quand la plaine muette ailleurs va s'assoupir,
Ici le vent réveille encore un long soupir
Qui semble s'exhaler des tombes attendries
Comme un ancien écho d'ivresses non taries...

Mais le Temps a passé sur ces tombeaux en fleurs ;
Toutes au désespoir, les récentes douleurs
Ne trouvent pour leurs morts que des larmes brûlantes
Et des cris. C'est pourquoi jamais les tendres plantes
Que baigne de son onde un tranquille courant,

Ne poussent sur les bords dévastés du torrent
Tumultueux qui fond et se brise en nuée.

Une tombe est ici fraîchement remuée.
Elle n'a pas de croix encore. On est venu
Cependant visiter son tertre morne et nu ;
Car cette terre brune a conservé l'empreinte
Des coudes et des bras qui l'ont naguère étreinte.
Mais je ne dirai point leur sombre désespoir :
Je regarde le ciel et non le gouffre noir.
Laissons donc en repos cette tombe argileuse ;
Le ciel met ses fuseaux aux doigts de la Fileuse :
Voyez : Dans le brouillard de l'arrière-saison,
Sur la terre partout, jusqu'au large horizon,
Arbres, meules, buissons, villages, tout émerge
D'un voile éblouissant. Fileuses de la Vierge
Jonchant la plaine au gré du souffle pur de l'air,
Sur les luisants talus au ruissellement clair,
Déroulez sans relâche en merveilleuses ondes
Le fragile réseau de vos quenouilles blondes
Où, dans le frisson d'or de son premier éveil,
En feux étincelants, pétille le Soleil !...

Et puis, de cette tombe, on revoit le village
Et son canal sous bois, son chemin de halage,
Ses bateaux longs et bruns qui sentent le goudron
Et qui glissent, poussés par le lent aviron,
Si paresseusement qu'ils laissent moins de moire
Sur l'eau que le ramier d'azur qui vient y boire ;
On revoit le rideau sombre des bois épais
Endormis dans la brume et la sereine paix
Et le calme ruban argenté des eaux lentes
Baignant à fleur de terre un gazon plein de menthes...

Puis, de ce tertre aussi, l'on peut apercevoir
Une blanchisserie et tout près le lavoir
Où, par le gai printemps, Étienne, mis en veine,
Osa faire l'aveu timide de sa peine ;
Où ce beau gars, planté tout droit sur ses sabots,
Hésitant et troublé, balbutia des mots
Qui depuis de longs mois oppressaient sa poitrine
Et que, sournoisement, l'oreille purpurine
D'Angèle, comme un chant céleste, recueillait ;
Où, sans se retourner, rouge comme un œillet,
La fillette, à genoux sur la planche massive,
Les yeux fixés au linge, embrouillait sa lessive ;
Où lui, toujours debout comme un héron percheur,
Se sentant gauche et laid devant tant de fraicheur,
Se repentant d'avoir parlé, mourait de honte...
Et le ciel était clair, et l'arome qui monte,
En ces jours de printemps, des feuilles et des fleurs,
D'une ivresse inconnue avait gonflé leurs cœurs,
Et dans le bois s'ouvraient les pâles anémones,
Et les bourdons furtifs, sur les pissenlits jaunes,
Frémissant dans leur vol, de noir et d'or zébrés,
Fondaient, puis s'envolaient sur les reines des prés.
Et cependant, toujours, la jeune lavandière
Savonnait, repaumait, et la calme rivière
Bouillonnait autour d'elle et ses ronds agrandis
A la rive agitait les bleus myosotis.

Depuis, combien le ciel a vu tomber d'étoiles !
Là-bas le blanchisseur arrose encor ses toiles ;
A le voir, on dirait que le temps n'a pas fui.
Mais, hélas ! le lavoir est désert aujourd'hui.

. . . .

XXII

SUR LES RUINES

Souillée ou non souillée, ô ma Jeanne, je t'aime ! »

Et c'est à ce moment d'allégresse suprême,
Que le malheur tomba sur eux; que ses tourments
Dispersèrent le rêve et les ravissements.

Bruno pleure et se tait près de Jeanne atterrée.
Ils ne mesurent plus le temps à sa durée,
Mais à ce qu'il épand d'amertume et de fiel.
Ils refusent, hélas ! de regarder le ciel,
Tant la douleur étreint leur cœur dans sa tenaille.

Jeanne ne pleure point. Elle est pâle et tressaille

Sous l'assaut répété d'un horrible soupçon.
Ah ! celui dont la torche a brûlé la maison,
Qui serait-ce, sinon l'homme fatal et lâche
Dont l'infâme désir la poursuit sans relâche,
Celui qui, pour toujours, la condamne à rougir,
Dont elle entend encor la chair vile rugir
Sous le sanglant acier de la rouge faucille ?

« Bruno, tu survis seul à toute ta famille,
« Gare à toi ; tes parents sont tombés sous sa main,
« Gare à toi ! mon Bruno, tu tomberas demain !
« Car tu n'es point méchant et je ne suis point forte !
« Puis il viendra me prendre ! oui ! mais je serai morte !
« De mon cadavre, au moins, le monstre aura pitié !
« Que ne l'ai-je poussé dans l'étang et noyé !
« Il faut sauver Bruno, l'emmener, ô chimère !
« Il ne voudra jamais suivre une telle mère ! »
Ainsi Jeanne songeait en proie au noir souci,
Assise sur le banc que la flamme a noirci.

Et l'on était au temps où sortent les charrues.

Des groupes, cependant, se forment dans les rues.
De bouche en bouche un bruit étrange court tout bas :
Des hommes consternés se disent que Thomas
Vient de fuir sous le coup de pressantes alarmes.
Au portail de sa ferme, on dit que les gendarmes
Ont été vus.
                    Bruno, pas plus que Jeanne alors,
Trop absorbé, ne sait ce qui se dit dehors.
Jeanne d'ailleurs passait pour une folle tête :
Le juge avait souri, lorsqu'au jour de l'enquête,
Elle avait en tremblant déclaré son soupçon.
Car Thomas, après tout, était un gros garçon

Très pieux, qui jamais ne manquait à la messe.
Jeanne ne comptait plus sur la loi vengeresse.
Tous savaient bien Thomas méchant et malotru,
Mais boute-feu ! vraiment, personne ne l'eût cru !
« On va certainement étouffer cette affaire,
« Disait-on ; il est riche, et la peur fera taire
« Les langues que l'argent ne pourrait point gagner :
« Qui donc contre Thomas oserait témoigner ? »
Ainsi de vains propos défrayaient le village,
Quand, soudain, apparaît un brillant attelage.

Les gamins bondissaient dans le ravissement.

Mais le carosse prend le pas et doucement
Il s'avance. Voici le manoir en ruine :
La Créole, étonnée un instant, examine
Le vieux mur de l'enclos qui s'écroule à moitié.
Son cœur déborde alors d'une immense pitié.
Ah ! quel remords devant une telle misère !
Elle sent palpiter enfin son sein de mère
Qu'une lèvre d'enfant n'aura jamais pressé,
Et, cédant à l'élan d'un désir insensé,
Elle saute d'un bond dans la cour. Un vertige
L'arrête brusquement, tant la scène l'afflige :

Jeanne assise a le front posé sur son genou,
Dans ses mains, ne montrant que le dos et le cou.
Désespéré, debout parmi les noirs décombres,
Immobile, Bruno jette des regards sombres,
Et, sous le hâle brun, son visage a blêmi.
— La Créole aussitôt devine l'ennemi. —
Il ne fait point un pas vers elle, et, de sa bouche
Tombent ces mots que scande un tremblement farouche :
« Que réclame de nous votre présence ici,

« Madame ? Je suis prêt à vous servir. »
                              « Merci,
« Je ne désire point éprouver votre zèle,
« Je voudrais seulement, avec mademoiselle,
« Répond-elle, un moment d'entretien. »
                        Jeanne entend
Cette voix aussitôt reconnue. A l'instant,
Et comme réveillée en sursaut de son rêve,
Dans un tressaillement d'épaule, elle relève
La tête, et ses yeux noirs, étrangement ouverts,
Que convulse l'effroi de sentiments divers,
Avec la fixité morne du somnambule,
Regardent, et sa bouche ouverte n'articule
Aucun son.

        Au plus fort de l'orage, souvent,
Ainsi, dans la stupeur, s'apaisent bruit et vent :
Impassibilité, silence si funèbres
Qu'on croit entendre alors le frisson des vertèbres.

Et la Créole accourt, et ses cheveux épars
Découvrent un front d'ambre éblouissant.
                              Le gars
Serre ses poings crispés, et sa sourde colère
Gronde, tandis que Jeanne, aux baisers dont sa mère
La couvrait dans le feu d'un transport exalté,
Opposait une froide insensibilité.
« Je crois baiser ton père ! Oh ! je t'aime ! mon âme !
« Pourquoi ce sombre ennui dans tes grands yeux sans flamme
« Criait Suzanne. Viens, ne m'aimerais-tu pas ?
« Jeanne, si je n'ai point guidé tes premiers pas,
« Est-ce ma faute ? Viens ! je t'aime ! viens ! je t'aime !
« Je mettrai sur ton front un noble diadème
« De diamants si clairs, de rubis si vermeils,

« Que tu feras pâlir les radieux soleils!
« Tu seras mon joyau! Viens! mon enfant, ma vie!
« Les mères, à présent, toutes, mourront d'envie,
« Car leurs filles n'ont pas ton étrange beauté!
« Et tu connaîtras l'Inde et son fleuve enchanté;
« Et le soir nous irons nous baigner dans son onde!
« Et nous irons à deux dans la forêt profonde
« Où bondit, à travers une verte épaisseur,
« Ton père, l'intrépide et superbe chasseur,
« Ton père au cou de bronze où flotte une amulette!

« — Mon père est mort, dit Jeanne, et j'ai vu son squelette,
« Mais vous aurez un fils qui le remplacera;
« Car, Madame, Bruno dans l'Inde nous suivra.
« Pourvu qu'il n'y soit pas dévoré par l'Idole! »

Et Suzanne s'effare et croit que Jeanne est folle.
Se tournant, elle voit Bruno, toujours debout,
Et sa bouche hautaine a marqué le dégoût.
Mais lui ne baisse point sa tête honnête et fière
Et, dans le désespoir qui brûle sa paupière,
Il jette sur la dame un regard fauve et dur.

Des groupes regardaient par la brèche du mur,
Quand soudain dans leurs rangs court une rumeur sourde.

Si, parmi les moutons, tombe une pierre lourde,
On les voit s'ébranler en désordre, ahuris,
Pour resserrer plus loin leur laineux troupeau gris:
A la nouvelle étrange et qui la bouleverse,
Ainsi, subitement, la foule se disperse
Et puis court reformer ses groupes curieux
Vers un étrange objet que devinent les yeux.
C'était une étonnante horreur: sa silhouette

Monstrueuse ballait au gré d'une brouette.

Digne des lauréats de Mayence ou d'York,
Qui n'a vu le boucher, parfois, pousser un porc
Qu'au dos d'une brouette attachait une corde
Et dont le corps tassé d'où la graisse déborde,
Gravement étalait sa montagne de suif?
Et le vil animal que réprouve le Juif,
Dont la gorge saignait encor de sa blessure,
Sur le bois allongeait son impudique hure ;
Et son ventre au poil ras se vautrait dans le foin.
Un sourire figé retroussait son groin ;
Il était mort, gisant, ouvrant sa gueule vide.
On allait le griller, et la bête livide
Avait on ne sait quelle immonde majesté,
Mensonge que la mort sur sa fange a jeté.
Dans ses petits yeux gris un mystère se joue.
La corde, s'engorgeant dans la flasque bajoue,
Exagérait encor, sous les liens trop courts,
L'énormité du lourd César de basses-cours
Dont la langue pendante, ignoblement rougie,
Sent l'auge impériale et la sanglante orgie.
On rêve de lauriers devant ce bloc impur.
Jeanne voit ce tableau par la brèche du mur.

La victime n'est pas un vil porc, c'est un homme.
Jeanne, tu le connais, tu sais comme il se nomme!
Au marais, ce matin, Thomas s'était pendu.
On ramenait son corps, et le peuple éperdu
Se pressait alentour. Sa cravate démise
Ouvre outrageusement le col de sa chemise.
— On avait essayé de lui donner de l'air —
Et Jeanne frissonna devant l'immonde chair!
La face se perdait dans une bouffissure,

Et la congestion, ravivant la blessure,
Y faisait affluer un sang hideux et noir.
Et Jeanne se dressa sur ses pieds pour mieux voir !
Un souffle de triomphe inonda sa poitrine ;
Son œil eut un éclair ; son ardente narine,
Dans le rayonnement de son visage ambré,
Battit de l'aile ainsi qu'un oiseau délivré.
Suzanne, qui la voit dans ce transport étrange,
Croit qu'un démon cruel habite ce corps d'ange
Et que la tourterelle a le cœur d'un vautour.
A quel fauve féroce ai-je donné le jour !
Se dit-elle.

        La rue est maintenant déserte,
Et plus rien n'apparaît à la brèche entr'ouverte,
Et l'on entend ces mots : « Ma Jeanne, partons-nous ? »
— « Jamais, je veux rester auprès de mon époux ! »
— « Cruelle ! c'est à moi que tu montres la porte,
« A moi qui suis ta mère, hélas ! — Ma mère est morte ! »

Jeanne alors, se jetant au cou de son Bruno,
De ses bras enlacés lui fait un tendre anneau.

Ce soir, pendant qu'au loin roulait une voiture,
Des soupirs, au jardin, erraient dans la verdure ;
Et l'on dit que, la nuit, l'immense firmament
Vit, dans un amoureux et long affolement,
La tigresse bondir sur l'herbe des pelouses,
Tandis que palpitaient les étoiles jalouses.

    Courrières, 1875-1879.

TABLE

TABLE

	Pages.
Préface	1

LES CHAMPS ET LA MER

Préface	3
Le Matin	7
Drame de Printemps	9
L'Artois	12
Le Nid	16
Aurore	19

	Pages.
Tempête	20
Les Alouettes	21
Les Cigales	23
La Paix des Bois	25
Pendant la Moisson	27
L'Aube	29
Les Premières Communiantes	30
Soleil couchant	33
Le Soir	34
Automne	36
Nocturne	37
Midi	38
Retour des Champs	39
Beau soir d'Hiver	42
La Saint Jean	43
Seule	45
Le Rosier	46
Courrières	50
Illusions	51
Dernier Rayon	52
Le Retour de l'Automne	53
L'Éden	54
Crépuscule	62
La Moisson	65
La Glaneuse	66
Théodore Rousseau et le Bûcheron	72

	Pages.
A Leconte de Lisle.	75
Les Ruines	76
Les Hameaux du Finistère	77
La Grève	80
Douarnenez	81
La Source sous Bois	83
Fleur de Sable	85
Yvonne	87
Les Lavandières	89
Les Deux Croix	91
Le Pardon	93

JEANNE

L'Alouette.		121
I.	La Petite Ferme	125
II.	Le Corbeau	130
III.	Le Petit Bruno	136
IV.	Étienne	149
V.	L'Étrangère	159
VI.	La Petite Jeanne	165
VII.	L'Enfance	170
VIII.	La Briqueterie	176
IX.	Le Champ de Trèfle	195

                                                           Pages.

X.   A la belle Étoile   205
XI.   Le Réveil.   211
XII.   Les Archers.   215
XIII.   Les Sarcleuses   229
XIV.   La Tigresse   234
XV.   L'Éden   245
XVI.   La Chambrette   252
XVII.   Sous la Lucarne   255
XVIII.   L'Éclipse du Soleil.   260
XIX.   L'Incendie   269
XX.   La Vieille Angèle   283
XXI.   Le Champ du Repos   294
XXII.   Sur les Ruines   298

Achevé d'imprimer

Le vingt-neuf janvier mil huit cent quatre-vingt-sept

PAR

ALPHONSE LEMERRE

25, RUE DES GRANDS-AUGUSTINS

A PARIS

www.ingramcontent.com/pod-product-compliance
Lightning Source LLC
Chambersburg PA
CBHW071257160426
43196CB00009B/1320